Toujours moins cher...
mais à quel prix ?

D'AUTRES LIBRIO POUR RÉFLÉCHIR, ET AGIR…

Lettres des animaux à ceux qui les prennent pour des bêtes, Allain Bougrain Dubourg, Librio n° 1249.

Abolir l'inégalité. 3 mesures radicales, Niels Planel, Librio n° 1246.

« Gros » n'est pas un gros mot. Chroniques d'une discrimination ordinaire, Daria Marx et Eva Perez-Bello du collectif Gras politique, Librio n° 1230.

Alzheimer. Accompagner ceux qu'on aime (et les autres), Colette Roumanoff, Librio n° 1208.

Autisme : ce sont les familles qui en parlent le mieux, Association « Un pas vers la vie », ouvrage présenté par Églantine Éméyé, Librio n° 1150.

Majdouline Sbai

Toujours moins cher... mais à quel prix ?

Huit solutions pour une mode éthique

Librio

Ouvrage paru initialement sous le titre
Une mode éthique est-elle possible ?

Sommaire

Introduction

J'ai grandi au sein d'un milieu très modeste, dans une ancienne ville industrielle textile, Roubaix, dans le Nord. J'ai toujours aimé la mode. J'ai même failli entrer dans une école d'art pour me destiner au stylisme, mais mes parents n'étaient pas d'accord. Finalement, je me suis passionnée pour la sociologie, les sciences politiques et l'environnement. J'ai travaillé de différentes manières sur les inégalités sociales et écologiques en France et dans le monde. C'est surtout aux difficultés et à l'histoire de ma région que je me suis intéressée.

En quelques décennies, Roubaix, la capitale mondiale du négoce de la laine, avec ses gigantesques usines de textile, est devenue l'une des villes les plus pauvres de France[1]. Le secteur de la mode et de l'habillement y est toujours présent. Des entreprises historiques de la vente par correspondance[2] ou des enseignes de mode plus récentes[3] y ont leur siège social et leur centre logistique. La région conserve quelques entreprises de fabrication de fil, de tissu et de confection textile, et reste un acteur important de la fabrication du lin.

Le 24 avril 2013, l'usine textile du Rana Plaza, près de Dacca, au Bangladesh, s'effondrait, faisant 1 200 victimes. Le drame a contribué à mettre au jour les conditions de travail chez des sous-traitants de grandes enseignes, y compris européennes. Quelques jours plus tard, je participais à un événement organisé par une association d'anciens salariés du textile[4]. Avec leurs témoignages,

1. Données Insee, 2013. Avec un taux de pauvreté de 42,3 %, Roubaix est classée troisième parmi les communes de 20 000 habitants.
2. La Redoute, les 3 Suisses.
3. Camaïeu, Pimkie, Promod, Showroomprivé, Vestiaire Collective…
4. Cette Union des gens du textile a été créée par des anciens salariés du Peignage de la Tossée, le plus grand peignage d'Europe, à Tourcoing, fermé en 2004 après une lente agonie. Le peignage est une étape du traitement de

ils retraçaient l'histoire des usines dans lesquelles ils avaient travaillé. L'essor de ces usines avait contribué à la croissance de la France, à sa reconstruction après la Seconde Guerre mondiale, et entraîné l'immigration de dizaines de milliers de personnes. La catastrophe du Rana Plaza était alors dans toutes les têtes : Bouzid Belgacem, le président de l'association, a commencé son discours par un hommage émouvant aux victimes. Les délocalisations de la production textile avaient eu raison de son emploi et de ceux des autres membres de l'association ; et le Rana Plaza confirmait pour lui que, si les entreprises avaient fermé ici pour fabriquer à l'autre bout du monde, c'est parce que, là-bas, tout était possible au nom du profit à court terme.

Après cet événement, je ne pouvais plus ignorer que l'histoire de ma région et l'actualité en Asie du Sud-Est constituaient les deux faces d'une même médaille. Il y a des prises de conscience dont on ne peut se défaire.

Je me souviens d'avoir dévoré un livre de Vandana Shiva dans lequel elle décrit les méfaits de l'industrie agroalimentaire en Inde[1]. Elle y parle longuement de l'aquaculture de crevettes en Asie du Sud-Est et de ses effets destructeurs sur les littoraux et l'agriculture locale. Dans nos supermarchés, la crevette est devenue un produit de consommation courant, à prix abordable. Justement parce qu'elle est produite en masse en Asie du Sud-Est, avec de graves dommages collatéraux : dévastation de milieux uniques et fragiles, inondations, accroissement de la vulnérabilité aux tsunamis, pauvreté.

En ce qui concerne l'industrie de la mode, je me suis documentée pour comprendre pourquoi nous en étions arrivés à cette situation. Je me suis aperçue que les enjeux sociaux et environnementaux étaient considérables. Du commerce de la soie à son industrialisation, le textile a toujours fait l'objet d'échanges internationaux. Même quand nous produisions essentiellement en France, les matières premières étaient largement importées d'autres pays du monde. Mais depuis les années 1990, c'est un des

---

la laine qui consiste à la laver, à en retirer les impuretés et à la peigner pour qu'elle puisse être transformée en fil.

1. Vandana Shiva, *Le Terrorisme alimentaire. Comment les multinationales affament le tiers-monde*, Fayard, 2001.

secteurs où la mondialisation économique provoque les effets les plus désastreux. La *fast-fashion* – littéralement la « mode rapide » – est devenue le modèle dominant. Au lieu de deux collections saisonnières par an, on est passé à un réassort perpétuel et à des rabais constants. Pour fonctionner, la mode a désormais besoin d'être jetable. On achète plus, moins cher, des vêtements de moindre qualité. Dans le même temps, le recours à de la main-d'œuvre à bas coût s'est accru pour répondre à cette exigence de prix bas. Chaque année, 140 milliards de vêtements sont produits dans le monde[1], soit quatre fois plus qu'en 1980.

Si ce modèle de consommation n'est pas bon pour la planète et pour les salariés, il ne l'est pas non plus pour les consommateurs et les professionnels de la mode. Cette surenchère en faveur du toujours moins cher crée un cercle vicieux qui semble faire beaucoup de perdants.

Du côté des consommateurs, nous sommes au bord de l'overdose, nos placards débordent et nous culpabilisons car nous savons que ce que nous achetons est produit dans de mauvaises conditions. L'adoption d'un mode de consommation plus « éthique » est souvent perçue comme une punition. Beaucoup sont victimes de préjugés, on ne sait pas par où commencer et on s'imagine tout de suite en combinaison de chanvre.

Du côté des professionnels de la mode (créateurs, enseignes, journalistes), ces constats ont déjà été faits. Li Edelkoort, fondatrice d'un bureau de tendance très influent, a publié en 2015 un manifeste déclarant avec provocation : « La mode est morte. » Elle a plus tard expliqué que sa cible était le système actuel de la mode : la manière dont on crée, enseigne, commercialise et parle de la mode serait obsolète au regard des évolutions sociales et environnementales.

On serait tenté de dire alors, puisque la mode est si néfaste : pourquoi ne pas la refuser, en sortir, ne plus rien acheter, s'habiller de manière uniquement fonctionnelle ?

S'habiller est un acte de culture ; c'est une façon de se distinguer, c'est une quête de sublimation de soi. Chacun recherche dans cette communication non verbale à entrer en relation avec

1. « The price of fast fashion », www.nature.com, 2017.

les autres. Nos vêtements disent de nous des choses qui nécessiteraient trop de mots pour être exprimées : « Voilà qui je suis, ce que je voudrais être, ce que je fais, comment je me sens ou à quelle communauté j'appartiens. » Sophie Fontanel, ancienne directrice de la mode du magazine *Elle*, écrit ainsi : « Je ne suis pas née vraiment belle, j'ai pu accepter un doute immense rien que par une robe, parce qu'elle me faisait des épaules gracieuses et qu'elle me donnait un genre[1]. » La mode peut être artistique et artisanale. Les créateurs de mode, et parfois ceux qui la portent, maîtrisent les matières, les formes, les couleurs, les associations, les détails, la manière dont se place le corps dans l'espace pour produire un effet unique et marquant qui peut aller jusqu'à nous couper le souffle.

J'ai donc compris que le malaise était plus profond. Rendre l'industrie de la mode éthique passe par plus de transparence, d'information des consommateurs, de normes pour que les produits soient plus écologiques et les travailleurs respectés.

Ce livre propose de montrer que ces principes ne sont pas une contrainte mais une formidable opportunité pour sortir de l'impasse de la fast-fashion et de la saturation des marchés. Consommateurs et professionnels peuvent y contribuer. Pour la planète, c'est indispensable. Pour les consommateurs, c'est la direction à suivre pour consommer moins et mieux. Pour les professionnels, c'est une voie pour redonner du sens à leur activité.

---

1. Sophie Fontanel, *La Vocation*, Robert Laffont, 2016.

Partie 1

Le malaise de la mode

Le système de la mode

Paris est indéniablement la capitale mondiale de la mode. En France, celle-ci fait partie du patrimoine culturel. C'est aussi une activité économique importante. Au XIXe siècle, la mode et l'habillement constituaient le principal secteur de l'économie française, avec 3,5 millions d'emplois. Aujourd'hui, malgré la délocalisation des grandes usines de fabrication, ils continuent d'employer un million de personnes en France, soit davantage que l'industrie automobile[1]. Pourtant, en deux siècles, cette industrie a changé radicalement.

Naissance de la mode et de la haute couture en France

La première fonction du vêtement est de protéger le corps des éléments extérieurs, ce qui a été fait dans un premier temps au moyen des ressources naturelles disponibles (cuir, fourrure, etc.). Cependant, depuis l'aube de l'humanité, les choix vestimentaires sont aussi culturels : selon que l'on est une femme ou un homme, un chasseur, un paysan, un marchand ou un chaman, on portera des vêtements différents.

Si le commerce d'étoffes et de tissus commence dès l'Antiquité[2], la mode apparaît d'abord chez les élites, comme à la cour du roi

1. Institut français de la mode (IFM), chiffres clés de la mode et de son économie, 2016.
2. François Boucher, *Histoire du costume en Occident : de l'Antiquité à nos jours*, Flammarion, 1965.

de France. De nombreuses études ont été menées sur l'histoire des costumes portés par la noblesse des pays européens : elles permettent de situer la naissance de la mode au XIVe siècle. Les portraits peints, comme celui de François Ier[1], témoignent de l'art du costume qui se pratique dans les cours d'Europe. Les recueils de gravures se développent vers le XVIe siècle. En 1785, le premier périodique de mode est lancé à Paris[2].

En 1789, les marques d'habillement, qui permettaient de distinguer la noblesse, le clergé et le tiers état, sont abolies[3]. Honoré de Balzac déclarera que « s'habiller sous la Révolution [était] un choix politique. Le costume étant le plus énergétique de tous les symboles, la Révolution fut aussi une question de mode, un débat entre la soie et le drap[4] ».

Longtemps, seule l'élite disposera des moyens nécessaires pour posséder des costumes d'apparat et les renouveler fréquemment[5]. Au XIXe siècle, un Britannique, Charles Frederick Worth, invente la haute couture en créant sa maison à Paris. Jusqu'alors, les couturiers répondaient à des commandes pour réaliser des vêtements sur mesure ; Worth est le premier à proposer ses propres créations[6]. Au début du XXe siècle, Jeanne Paquin organise les premiers défilés de mode publics. Les maisons de haute couture y présentent deux collections par an[7]. La profession de « maison de couture » est instituée à la même époque par la Chambre syndicale de la couture parisienne[8]. Chaque collection est réalisée de manière artisanale dans des ateliers en France. La virtuosité des techniques de confection est au cœur de l'activité. La création en haute couture est aussi un exercice de style qui tente de marquer une époque. Au début du XXe siècle, des créateurs comme Paul

1. Jean Clouet, *Portrait de François Ier, roi de France (1494-1547)*, vers 1530, Paris, musée du Louvre.
2. Bibliothèque nationale de France (BNF), département Littérature et art, *Le Vêtement sous toutes ses coutures : une histoire du costume et de la mode en France*, septembre 2008.
3. Antoine de Baecque, *La France de la Révolution*, Tallandier, 2011.
4. Honoré de Balzac, *Traité de la vie élégante*, Sillage, 2011 [1833].
5. Juliette Trey, *La Mode à la cour de Marie-Antoinette*, Gallimard, 2014.
6. IFM, *Mode de recherche*, n° 16, juin 2011.
7. Farid Chenoune *et al.*, *Showtime : le défilé de mode*, cat. exp. musée Galliera, Paris Musées, 2006.
8. BNF, *Le Vêtement…*, *op. cit.*

Poiret libèrent ainsi les mouvements des femmes en supprimant le corset. Certaines collections changent la silhouette, comme le smoking pour femme d'Yves Saint Laurent. Gabrielle Chanel, Elsa Schiaparelli, Jeanne Lanvin sont des emblèmes de ce rôle émancipateur de la mode.

Ces collections de haute couture sont ensuite déclinées en collections de prêt-à-porter ainsi qu'en produits dérivés comme les cosmétiques et les accessoires, qui sont aujourd'hui devenus des sources de revenus essentielles[1] pour ces entreprises. Ces vingt dernières années, les maisons de haute couture et de prêt-à-porter ont connu des évolutions importantes. Il existe de moins en moins de maisons indépendantes. Le groupe de luxe LVMH, dirigé par Bernard Arnault, possède à lui seul seize grandes maisons, dont Céline et Louis Vuitton. Avec 22 milliards d'euros de chiffre d'affaires, il est le leader mondial de l'industrie du luxe[2]. Dans *Merci patron !*, le documentaire de François Ruffin sorti en 2016, on découvre comment le groupe LVMH a délocalisé en 2007 la confection des costumes Givenchy et Kenzo dans les pays de l'Est, au détriment de l'usine située à Poix-du-Nord, dans le Nord.

Les grandes maisons de haute couture et les créateurs jouent un rôle économique et social important. Du point de vue économique, ils sont un outil du rayonnement de la France à l'étranger et appartiennent à l'industrie du luxe, un secteur stratégique pour notre pays, qui en est le leader mondial. Mais si leur importance est considérable, c'est aussi parce qu'ils définissent la tendance, l'univers créatif sur lequel se calent toutes les enseignes de prêt-à-porter de masse – un pouvoir démultiplié par les célébrités qu'ils habillent.

Le prêt-à-porter, la mode pour tous

Jusqu'au XIXe siècle, le modèle dominant pour se vêtir reste la confection artisanale locale et domestique, avec des métiers à

1. Par exemple, en 2016, sur les 5,67 milliards de dollars de chiffre d'affaires de Chanel SA, 47 millions proviennent des ventes du parfum Chanel n° 5.
2. Classement Deloitte, 2017. Les autres leaders du secteur sont Richemont (Suisse), Estée Lauder (États-Unis), Luxottica (Italie) et Kering (France).

tisser. Dans le Nord-Pas-de-Calais, les surplus de tissu que peuvent réaliser les paysans sont achetés par des marchands qui les commercialisent. La proto-industrie[1] et la mécanisation permettent l'intensification de la production. Les inventions techniques pour produire du textile en série et plus rapidement se multiplient.

La révolution industrielle conduit de nombreux habitants des zones rurales à rejoindre des villes comme Paris. Pour répondre à leurs besoins en habillement, des ateliers de confection se développent et se mécanisent progressivement. La machine à coudre fait son apparition en 1830. Les premiers grands magasins ouvrent leurs portes et commercialisent en quantité importante des vêtements prêts à l'emploi expédiés dans tout le pays grâce à l'essor des chemins de fer[2]. On ne fait plus ses vêtements soi-même, on ne les fait plus fabriquer par une couturière, on les achète « prêts à porter ». Ces boutiques modifient également profondément le visage de certains quartiers, comme le décrit Émile Zola dans son roman *Au bonheur des dames*[3].

Après la Seconde Guerre mondiale, le pouvoir d'achat augmente avec le développement économique, le temps de loisirs s'accroît, une presse spécialisée apparaît. C'est l'avènement de la société de consommation de masse. Alors que la plupart des dressings étaient composés de quelques tenues codifiées et dédiées à différentes activités, désormais les consommateurs ont le choix. Dans la littérature, de nombreux romans évoquent ces libertés nouvelles offertes par la démocratisation de la mode[4] : elle permet de s'affranchir de son milieu social grâce à l'apparence, ouvre les portes d'autres mondes. Dans les années 1970, le mouvement du *power dressing* encourage les femmes à choisir des vêtements qui incarnent leur volonté de réussite pour œuvrer dans le sens de l'égalité professionnelle. *Dress for Success*, le best-seller de John T. Molloy publié en 1975, est le texte de référence de ce

1. De petits ateliers en milieu rural qui se développent aux XVIIIe et XIXe siècles.
2. Catherine Örmen, *Histoire(s) du prêt-à-porter*, Fédération française du prêt-à-porter féminin, 2009.
3. Émile Zola, *Au bonheur des dames*, G. Charpentier et E. Fasquelle, 1883.
4. Dès le XIXe siècle, dans les romans de Balzac, de Zola ou encore de Tolstoï, la description des tenues des héroïnes tient ainsi une place importante et alimente l'intrigue.

mouvement. Les femmes se saisissent de cette nouvelle liberté qui symbolise une forme d'émancipation. Ainsi, dans une société française très inégalitaire[1], « tout se passe comme si la mode était l'exutoire par où s'échappe le besoin de distinction et de démarcation individuelle qu'ont les femmes et qu'elles ne peuvent satisfaire dans d'autres domaines[2] ».

LES ÉTAPES DE LA FABRICATION D'UN VÊTEMENT

Culture : pour les fibres naturelles (laine, lin, coton...).

Transformation chimique : pour les fibres synthétiques (polyester, nylon), à base de pétrole ou de plastiques recyclés.

Peignage/filature : transformation des produits bruts en fil (lavage, cardage, filage) ou fabrication de fibres synthétiques à partir de plastiques et de composés pétrochimiques.

Tissage : transformation en tissu.

Stylisme : création.

Confection : en atelier, avec découpe, confection et repassage.

Le déclin de l'industrie manufacturière textile française

Au XIXe siècle, 60 % de l'industrie manufacturière textile se trouvent en Angleterre. De leur côté, les États-Unis étaient, jusqu'à une période récente, l'un des plus importants pays producteurs de coton dans le monde : ils sont leaders à la fin du XIXe siècle et, en 2003, ils produisent encore 20 % du coton mondial[3]. Les chaînes de magasins pourvus de centrales d'achat font

1. L'anthropologue Béatrix Le Wita a étudié la culture bourgeoise des années 1980 en France et consacré de longs passages à ses codes vestimentaires. Contrairement à ce qu'on pourrait spontanément penser, porter des vêtements de luxe n'est pas un indicateur d'appartenance à la bourgeoisie. Les différences sociales s'expriment de manière subtile, qu'elle décrit précisément : par le port de certains bijoux, de certains vêtements dont la qualité est visible mais jamais la marque, du foulard en soie, etc. Béatrix Le Wita, « Comment devient-on Laure ? », dans *Ni vue ni connue : approche ethnographique de la culture bourgeoise*, Maison des sciences de l'homme, 1988, p. 71-110.
2. Georg Simmel, *Philosophie de la mode,* Allia, 2013.
3. En 2014, la part de la production américaine ne représente plus que 11 %. Ce recul s'est fait au profit de l'Inde et de la Chine, qui se partagent 50 % de la production mondiale.

leur apparition entre 1860 et 1880[1]. En France, le Nord-Pas-de-Calais est la grande région textile avec Rhône-Alpes : de nos jours, ces deux régions se partagent 43 % du marché[2]. Dès le XVe siècle, la ville de Roubaix se spécialise dans la laine (fabrication, transformation et vente). Avec la révolution industrielle et les innovations technologiques, les activités de production se développent, faisant affluer des dizaines de milliers d'ouvriers, d'abord des campagnes environnantes puis de pays étrangers. Jusqu'aux années 1950, la croissance de l'industrie manufacturière textile se poursuit dans cette région[3].

Dans les années 1950, de nouvelles fibres synthétiques (polyester, nylon, viscose) sont désormais produites dans d'autres régions du monde. Les entreprises du Nord qui se sont spécialisées dans la transformation des fibres naturelles (laine, lin, coton) se trouvent alors fortement concurrencées. Dans les années 1970, elles doivent également faire face à un problème énergétique avec la crise pétrolière et la fin de l'industrie du charbon dans le bassin minier. En effet, l'accès à une énergie peu chère pour faire fonctionner les usines est à cette époque une des conditions *sine qua non* de la bonne marche de ce secteur. La nouvelle donne remet en question cette équation[4].

Dès les années 1980, la Chine connaît un important essor économique. Le pays développe dans les années 1990 des infrastructures qui deviendront des clusters[5], des chaînes logistiques, tout en proposant de faibles coûts de production et de main-d'œuvre. En 2005, la Chine compte 38 clusters textile et 48 clusters habillement[6].

---

1. Clarisse Perotti-Reille, *Le Textile habillement: la volonté de remporter la nouvelle révolution industrielle*, ministère de l'Économie, des Finances et de l'Emploi, 2008.
2. *Ibid.*
3. Institut national de l'audiovisuel, *Fin de la Lainière de Roubaix: rétrospective*, 7 décembre 1999.
4. Insee, dossier Nord-Pas-de-Calais, n° 1, décembre 2014.
5. Les clusters sont des pôles où se concentrent des entreprises de même activité ou d'activités complémentaires, des centres de formation et des centres logistiques pour améliorer l'efficacité d'une filière.
6. C. Perotti-Reille, *Le Textile habillement*, *op. cit.*

L'entreprise américaine Nike est l'un des premiers groupes à changer son organisation : la conception des produits est réalisée au sein des sièges occidentaux et leur fabrication est sous-traitée dans des usines en Asie. Dès les années 1980, l'enseigne de vêtements sportifs confie ainsi à des entreprises en Corée et à Taïwan 83 % de la fabrication de ses produits. Recherchant les coûts les plus bas, elle se tourne ensuite vers l'Indonésie, la Chine ou la Thaïlande. Les marques françaises suivent, en espérant augmenter leurs profits tout en maintenant une partie de leurs activités en France (siège social, stylisme, achats, logistique)[1], une stratégie facilitée par la révolution numérique et les technologies de l'information.

Aujourd'hui, le ministère du Commerce extérieur identifie deux modes d'approvisionnement des enseignes pour la production textile[2] :

– l'achat de produits finis, sur la base d'un cahier des charges et d'un patronage. Cela concerne des produits vendus à petits prix, pour lesquels le but est de trouver un résultat de qualité satisfaisante au coût le plus bas, ce qui peut signifier de changer souvent et rapidement de sous-traitants, en fonction de l'offre la moins chère ;

– la fabrication à façon, pour des produits à plus forte valeur ajoutée, plus chers. Les enseignes peuvent implanter leurs propres usines dans des pays proches ou faire appel à des sous-traitants dans une relation plus stable, ce qui garantit une plus grande maîtrise de la qualité des produits et la possibilité de diminuer les délais de confection.

La levée progressive des barrières douanières accélère l'importation de produits venus de pays à bas coût de main-d'œuvre, comme la Chine. Jusqu'au milieu des années 1980, des quotas protègent les fabricants français – le principe d'un quota est de fixer un niveau maximum de la quantité d'un type de produits que l'on peut importer d'un pays donné. Ces quotas sont levés en diffé-

1. Benoît Boussemart et Alain Roncin, « La mondialisation contre la concurrence dans le textile et l'habillement », *Revue de l'OFCE*, n° 103, octobre 2007.
2. Ministère du Commerce extérieur, *Rapport du PCN sur la mise en œuvre des principes directeurs de l'OCDE dans la filière textile-habillement*, 2 décembre 2013.

rentes étapes : d'abord avec l'ouverture du commerce extérieur en 1986, puis avec les accords de Marrakech en 1995, jusqu'à leur suppression en 2005. Ainsi, alors que les importations des produits d'habillement et de cuir représentaient 2 % des vêtements vendus en France en 1960, on les estime à plus de 70 % en 2013[1]. Au cours de la même période, les effectifs dans la fabrication de textile et l'habillement baissent. En France, ils diminuent de plus de 60 % entre 1986 et 2004[2]. Dans le Nord-Pas-de-Calais, le nombre d'emplois passe de 171 000 à 11 000 entre 1954 et 2010[3]. La France n'est pas le seul pays à connaître cette situation : les États-Unis auraient perdu 60 % de leurs emplois dans le secteur entre 1990 et 2004[4]. Aujourd'hui, avec le développement du transport de marchandises de masse et la standardisation du porte-conteneurs, le coton de notre tee-shirt est cultivé en Inde, il est tissé et confectionné au Bangladesh, il sert à fabriquer une pièce imaginée en France, il est commercialisé aux États-Unis et recyclé en Afrique.

Le maintien des quotas aurait-il permis de sauver les emplois ? L'économiste Pietra Rivoli s'est penchée sur le cas des États-Unis[5] : elle décrit le processus de mise en place des quotas entre 1961 et 1974, puis leur détricotage en 2005. Elle explique aussi longuement leurs effets pervers. Par exemple, il s'est rapidement installé un système de contournement des quotas : quand un pays avait atteint les siens, il faisait transiter ses produits par un autre pays qui avait encore la possibilité d'exporter, ou bien apposer une autre étiquette de provenance sur ses produits – cela s'appelle le *quotas jumping*[6]. Pietra Rivoli précise que les quotas avaient en revanche un avantage majeur : ils permettaient aux États-Unis et aux organisations syndicales de favoriser l'importation de produits textiles issus de pays prenant des engagements

1. Union des industries textiles (UIT), « Chiffres clés », 2014.
2. C. Perotti-Reille, *Le Textile habillement*, *op. cit.*
3. Dalila Messaoudi, « Le territoire de l'industrie textile et de l'habillement à l'épreuve des délocalisations », *Bulletin de l'Association de géographes français*, vol. 88, n° 2, 2011, p. 137-149.
4. Pietra Rivoli, *Les Aventures d'un tee-shirt dans l'économie globalisée*, Fayard, 2007.
5. *Ibid.*
6. « Le monde peut aller se rhabiller en Chine », *Libération*, 31 décembre 2004.

responsables en matière de droits sociaux contrôlés par l'Organisation internationale du travail[1] (OIT).

Mais la concurrence des pays à bas coût de main-d'œuvre n'est pas la seule cause de la suppression des emplois en France : la mécanisation[2] a elle aussi entraîné une profonde restructuration de la filière. Aujourd'hui, produire du fil et du tissu requiert des machines et quelques personnes pour les faire fonctionner. La collecte du coton et la confection des vêtements continuent quant à elles de nécessiter une main-d'œuvre importante et peu chère[3].

Il y aurait beaucoup à dire sur l'absence d'anticipation de ces mutations. Des investissements considérables auraient été nécessaires pour que ces châteaux de l'industrie se modernisent, innovent et poursuivent certaines de leurs activités de production. Les salariés, qui percevaient des rémunérations très basses avec des conditions de travail pénibles, n'ont pas eu accès aux formations qui leur auraient permis d'occuper de nouveaux emplois dans les métiers de la distribution[4]. Aujourd'hui, lorsqu'on parcourt les anciennes villes textiles du Nord, des châteaux de l'industrie, rénovés[5] ou en friche, se dressent partout. Il ne s'agit probablement pas que d'une histoire de fermeture d'usines et de perte d'emplois, mais d'un traumatisme plus profond. Une ville

1. L'Organisation internationale du travail est une instance associant des représentants des gouvernements, des employeurs et des travailleurs.

2. Il fallait dix heures pour faire un kilo de fil en 1765, il faut trois minutes aujourd'hui. Dominique Jacomet, *Mode, textile et mondialisation,* Economica, 2007.

3. Dans la confection, seule la découpe des tissus avant assemblage est partiellement mécanisée.

4. En Allemagne, la fin de certaines activités sidérurgiques dans la Ruhr a donné lieu à des politiques publiques prenant en charge le reclassement des salariés et la transformation des friches (dépollution, rénovation) pour accueillir de nouveaux investisseurs. La France ne s'y est mise que tardivement. La chute l'une après l'autre des grandes entreprises textiles mythiques a été vécue comme une fatalité, la fin d'un monde, tandis que le secteur tertiaire et les « nouvelles technologies » représentaient l'avenir.

5. Certaines anciennes usines accueillent désormais des habitations, des data centers, des restaurants, des magasins. L'un des exemples les plus emblématiques est La Condition publique, à Roubaix, un lieu culturel qui a trouvé sa place dans une immense usine de conditionnement de la laine. Les politiques européennes et le choix par la métropole de Lille d'une politique culturelle dynamique ont considérablement contribué à ces réussites.

textile comme Roubaix a été entièrement aménagée autour des usines, la culture ouvrière y était très forte et créait une « communauté de destins[1]». Avec la fin des Trente Glorieuses et de leurs promesses d'ascension sociale, lorsque l'usine disparaît et que les perspectives deviennent incertaines, il ne reste qu'une ville désarticulée.

De l'industrie à la grande distribution

Dans les années 1960, l'essor de la grande distribution, avec la création des hypermarchés et des supermarchés, renforce les délocalisations et les importations de produits alimentaires et manufacturés. Ce modèle de distribution est fondé sur le principe de vente en masse de produits à bas coûts dans des hangars situés d'abord en périphérie urbaine. Pour proposer des prix théoriquement plus attractifs, les grands noms de la distribution (Leclerc, Carrefour, Auchan) négocient avec les producteurs de tous les secteurs, alimentaires comme non alimentaires, pour faire baisser ces prix. Comme ils maîtrisent une grande partie de la distribution, ils ont un pouvoir incomparable. Du côté des marques, produire le moins cher possible devient donc une nécessité pour être distribué dans ces lieux qui apparaissent incontournables – et pour survivre[2].

Gérard Mulliez, le fondateur d'un des fleurons de la grande distribution française, Auchan, vient d'une famille d'industriels du textile (groupe Phildar). À la tête d'une entreprise de production de laine, il se lance dès les années 1950 dans la vente directe au sein de ses propres boutiques. Son fils développe cette activité de distribution d'abord dans l'alimentaire, puis se diversifie dans

1. La pièce de théâtre *La Vie à un fil* ou le roman *Le Couloir de l'horloge* font le récit de ces années d'usine. La Manufacture de Roubaix, le musée de la Dentelle à Calais, le musée du Textile et de la Vie sociale à Fourmies tentent de croiser les témoignages de cette histoire avec la création contemporaine. Enfin, un projet régional de fondation d'un lieu unique de mémoire (physique ou virtuel) a vu le jour en 2015 en prenant appui sur les travaux de Mathilde Wybo, historienne engagée auprès des anciens salariés du textile.
2. Christian Jacquiau, *Les Coulisses de la grande distribution*, Albin Michel, 2000.

tous les secteurs, y compris le textile, avec des enseignes spécialisées comme Kiabi, Jules, Brice, Decathlon ou Tape à l'œil. C'est d'ailleurs dans l'entrepôt d'une ancienne usine textile qu'est installé le premier supermarché Auchan, dans le quartier des Hauts-Champs à Roubaix – d'où le nom de la multinationale. De nombreux acteurs de l'industrie textile du Nord suivent le même chemin. Progressivement, les patrons des usines de fabrication sous-traitent la production et investissent dans de nouvelles activités commerciales de vente par correspondance, comme La Redoute, les 3 Suisses, Blancheporte ou Daxon. Les grandes familles du textile cessent donc leur activité de production mais pas celle de « négoce ».

C'est une évolution internationale. Le métier a changé et se structure autour de deux activités stratégiques : premièrement, le rôle d'intermédiaire et de négociant entre les différents maillons de la chaîne de fabrication, qui prend une place considérable – il s'agit de savoir transmettre les ordres à tous les échelons et négocier les prix ; deuxièmement, la connaissance des attentes clients et la stratégie marketing[1].

Dans le prêt-à-porter, trois types de circuit de distribution peuvent être distingués[2] :

– des créateurs conçoivent des collections de vêtements de prêt-à-porter en fonction de leur inspiration et des attentes des consommateurs. Elles sont vendues dans leurs propres boutiques, dans des boutiques multimarques indépendantes, dans des grands magasins, *via* des catalogues de vente par correspondance et – de plus en plus – sur des sites de vente en ligne. Isabel Marant ou Vanessa Bruno sont les emblèmes d'une génération de créateurs de prêt-à-porter qui ont su se développer grâce à des prix plus accessibles que ceux de la haute couture. Isabel Marant a ainsi réalisé un chiffre d'affaires de 150 millions d'euros en 2016[3]. Dans les années 2010, l'approche du luxe « accessible » a permis la montée en puissance des marques françaises Sandro, Maje et

1. C. Perotti-Reille, *Le Textile habillement*, *op. cit.*
2. Benoît Wojtenka, « Comment fonctionne le circuit de prêt-à-porter ? », www.bonnegueule.fr, 30 juillet 2013.
3. « Isabel Marant confirme la cession de 51 % de son capital », *Le Figaro Économie*, 22 juillet 2016.

Claudie Pierlot ; réunies dans le groupe SMCP, elles comptent aujourd'hui plus de 1 200 points de vente et sont passées sous le contrôle d'un industriel chinois, Shandong Ruyi[1];

– des marques conçoivent des collections de vêtements de prêt-à-porter commercialisées dans leurs propres magasins, physiques ou en ligne. La plupart du temps, leur objectif est de proposer des modèles qui pourront correspondre au plus grand nombre : peu chers, simples à confectionner, reprenant quelques codes de la tendance de la saison. En ce qui concerne les enseignes, jusqu'en 2017, le leader français est Kiabi[2]. Viennent ensuite Decathlon, H&M, Carrefour, Zara... puis des marques plus récentes comme Primark, le discounter de la mode, qui a ouvert à Lille fin 2016 son dixième magasin en France – au même moment, cette chaîne irlandaise a fait la une des médias, ses salariés en boutique protestant contre leurs conditions de travail[3];

– des magasins multimarques de textile, ou grands magasins, jouent un rôle considérable sur le marché français du prêt-à-porter. La Redoute[4], les 3 Suisses ou encore Vertbaudet font partie de ces acteurs puissants de la distribution de vêtements. Les Galeries Lafayette, le BHV Marais, le Printemps représentent à eux seuls 7,8 % des ventes[5]. En choisissant les marques qu'ils distribuent, ces grands magasins influencent l'offre vestimentaire disponible pour les consommateurs. Ces enseignes développent également leur propre marque[6].

Malgré cette domination, la France compte encore plus de 40 000 points de vente de prêt-à-porter multi-marques indépendants. Chaque année, il s'en crée de nouveaux. Mais le principal

---

1. « Les marques Sandro, Maje, Claudie Pierlot deviennent chinoises », *Challenges*, 1er avril 2016.
2. Yves Puget, « Kiabi, premier vendeur de textile en France en valeur comme en volume », *LSA*, 12 février 2015.
3. Laurent Maurel, « L'enfer Primark », www.boutique2mode.fr, 14 octobre 2016; Stéphanie Fasquelle, « "Cauchemar", "esclaves", "honte"... Les témoignages affluent sur les conditions de travail à Primark Euralille », *La Voix du Nord*, 31 janvier 2017.
4. En 2017, La Redoute, groupe historique de la vente par correspondance basé à Roubaix, a été rachetée par les Galeries Lafayette.
5. Source IFM, 2016.
6. Vicky Chahine, « Les grands magasins sortent les griffes », *Le Monde Styles*, 11 février 2017.

changement vient surtout de l'augmentation des ventes en ligne, passées de 6 % en 2006 à 15 % en 2015, en chiffre d'affaires ou en volume[1].

La perte d'un savoir-faire

La disparition d'entreprises de fabrication entraîne la disparition d'un savoir-faire. D'un autre côté, l'approche du métier des enseignes a changé : pour certaines d'entre elles, la marque semble devenue plus importante que le vêtement – la manière dont on vend est plus importante que ce qu'on vend. Et, par conséquent, la stratégie marketing prévaut sur la qualité : recruter la bonne égérie et le bon photographe, avoir la bonne agence de presse et créer le buzz, tout cela vaut bien plus aux yeux de certaines marques que trouver une belle laine et un bon atelier de tricotage pour faire un pull qui puisse survivre à la saison[2]. Cela se traduit concrètement dans la vie des professionnels de la mode et de l'habillement. Des stylistes rêvent de créer des vêtements que des milliers de personnes aimeraient porter, mais ils se retrouvent à appliquer mécaniquement un cahier de tendances produit par un bureau d'études dont le métier consiste à indiquer les couleurs, les formes et les matières de la saison et à se plier avant tout aux contraintes des tissus et des modes de production disponibles, avec un prix très réduit – durement obtenu par des acheteurs. On imagine la frustration de ceux qui, pendant plusieurs années, ont étudié l'histoire de la mode et se sont tournés vers ce métier probablement pour y exprimer leur créativité.

1. Source IFM, base de données.
2. C'est pour cela qu'il est fondamental de réapprendre à tous les professionnels la valeur du textile et des actions nécessaires pour le transformer en un vêtement, de redonner de la valeur à l'artisanat, au travail et aux ressources naturelles dont sont issues les matières premières constituant le tissu. Des acteurs de la branche que nous avons interviewés, comme Annick Jehanne (voir p. 87), font ce même constat.

LE PROBLÈME DE LA FORMATION AUX MÉTIERS DE LA MODE EN FRANCE

En 2015, à la demande des ministres de l'Économie et de la Culture, Lyne Cohen-Solal a rendu un rapport très complet sur l'avenir de la mode[1]. Elle affirme que la carte des formations aux métiers de la mode en France est illisible.

Plus de 60 cursus existent[2], de différents niveaux, majoritairement dans l'enseignement privé. Lyne Cohen-Solal constate que cette absence d'organisation nuit au secteur puisqu'il n'y a pas forcément d'adéquation entre les besoins des entreprises et les formations proposées. Des tentatives pour mieux structurer et valoriser les filières professionnelles textiles ont été initiées ces dernières années, mais il reste beaucoup à faire[3]. Le lien avec les écoles d'art et de design (école Boulle, école Duperré, Institut français de la mode) n'existe pas non plus, ou uniquement de manière informelle, alors que la création textile en a besoin pour s'épanouir.

Ailleurs en Europe, l'enseignement public a pris une avance considérable, avec le Central Saint Martins College of Art and Design de Londres, La Cambre de Bruxelles et l'université Aalto d'Helsinki. Les jeunes talents issus de ces écoles réussissent mieux les grands concours, comme le festival d'Hyères. Lyne Cohen-Solal propose la création d'une plateforme des écoles françaises de la mode publiques et privées, avec de nouveaux diplômes et un système d'incubation des créateurs indépendants.

---

1. Lyne Cohen-Solal, *Avec intelligence et talent au bout des doigts: la mode, industrie de créativité et moteur de croissance*, ministères de l'Économie et de la Culture, février-octobre 2015, www.culturecommunication.gouv.fr/Espace-documentation/Rapports/La-modeindustrie-de-creativite-et-moteur-de-croissance
2. Sophie de Tarlé, « Écoles de mode, 61 formations passées au crible », *L'Étudiant*, 7 juillet 2015.
3. C'est anecdotique mais nouveau: Najat Vallaud-Belkacem, lorsqu'elle était ministre de l'Éducation nationale (2014-2017), portait à chaque Conseil des ministres une tenue réalisée par des lycées professionnels et assistait aux défilés des créations de ces écoles d'arts textiles.

Le textile et l'habillement français à l'heure de la fast-fashion

Depuis 1960, la part des dépenses en textile et en habillement a diminué de moitié dans le budget des ménages français[1]. En d'autres termes, on dépense deux fois moins[2] pour s'habiller en 2009 qu'en 1960. Pourtant, le nombre de vêtements achetés, lui, a constamment augmenté, jusqu'à atteindre 600 000 tonnes par an aujourd'hui[3]. On achète donc davantage de vêtements, mais beaucoup moins cher.

Depuis 2007, le marché du textile et de l'habillement a perdu 15 % de sa valeur. Alors que la vente en ligne (sur Internet) continue de progresser (+ 5,3 % en 2018), cette baisse touche surtout les boutiques physiques[4] : trop de boutiques, ouvertes trop vite. Daniel Wertel, président de la Fédération française du prêt-à-porter féminin, pointe surtout du doigt les soldes permanentes. En quelques années, nous sommes en effet passés de deux périodes de soldes par an, clairement identifiées et encadrées, à des périodes extensibles (ventes presse, ventes privées, soldes privés, opérations spéciales, magasins *outlet*[5], en ligne ou dans des centres commerciaux spécialisés), sans parler des sites spécialisés dans les ventes promotionnelles. Résultat : 45 % des vêtements ont été achetés en solde en 2015[6]; 43 % des Françaises ont acheté des vêtements de seconde main[7], y compris en ligne avec l'essor de sites comme Le Bon Coin, Vinted, Videdressing ou Vestiaire Collective.

Cette surabondance de l'offre se traduit aussi par la course à la fast-fashion, la « mode rapide ». Celle-ci change très rapidement. Il y a vingt ans, les distributeurs proposaient deux collections de prêt-à-porter par an : printemps-été et automne-hiver. En

1. *Insee Première*, n° 1242, 2009.
2. En valeur relative.
3. Source Eco TLC.
4. Dominique Chapuis, « Le marché de la mode rechute dans un contexte de déconsommation », *Les Échos*, 6 décembre 2018.
5. Ou magasins d'usine.
6. Source : Fédération française du prêt-à-porter féminin (FFPAPF).
7. Le pourcentage de consommateurs déclarant acheter des vêtements de seconde main est passé de 30 % en 2014 à 37 % en 2015 (source : FFPAPF).

2006, en France, ils passent à quatre collections, en 2008 de six à huit[1]. Aujourd'hui, certaines enseignes renouvellent en permanence leur collection, avec de nouvelles pièces en boutique chaque semaine. Le but est que les consommateurs viennent régulièrement. L'Irlandais Primark, l'un des emblèmes de cette fast-fashion, mise sur l'achat de plusieurs vêtements à chaque passage en magasin. Son modèle économique est fondé sur l'écrasement des coûts de fabrication et de distribution ainsi que sur une réduction de ses marges, permise par la quantité de pièces vendues. La marque propose des produits « ultra tendance » de moindre qualité, pour ne pas dire jetables, car ils passent difficilement une saison.

Conclusion : en dehors de ceux qui ont poussé le modèle à son extrême, comme Primark, la réduction des coûts de fabrication et la distribution de masse ne sont finalement pas synonymes de davantage de profits pour les entreprises de la mode et de l'habillement en France. Mais ce malaise inhérent au système français de la mode n'est rien à côté des effets que celui-ci produit sur les consommateurs, sur la planète et sur les travailleurs des pays à bas coût de main-d'œuvre.

LA FAST-FASHION

« Produire, diffuser dans des temps record des collections sans cesse renouvelées[2] » : exit les deux collections par an du catalogue de La Redoute, il s'agit de proposer des nouveautés en permanence dans les boutiques physiques ou en ligne, de susciter des achats plus fréquents et de multiplier les offres promotionnelles. Zara produit ainsi 12 000 modèles de vêtements différents chaque année. Dans la haute couture, le rythme des collections a lui aussi changé : des collections croisières, des *pop-up stores* et des collaborations ponctuelles[3] sont ajoutés au

1. SESSI, fiche « Conjoncture », septembre 2007.
2. Myriam Hoffman, « La fast-fashion sévit », *Le Monde économique*, www.monde-economique.ch, s. d.
3. Les collections croisières sont des collections intermédiaires présentées en dehors des semaines de la mode (*fashion weeks*); elles consistent également en des pièces hors saison dans les boutiques (maillots de bain en hiver). Les *pop-up stores* sont des magasins éphémères ouverts dans des lieux alternatifs, souvent associés à des événements culturels ou artistiques. Enfin, les colla-

calendrier. Tout s'accélère, comme avec l'invention du « *see now, buy now*[1] ». C'est un autre rapport à la mode qui s'instaure. La saisonnalité a disparu et la recherche de nouveauté remplace celle de la rareté et de la singularité.

borations consistent pour les marques de vêtements à choisir un créateur, un designer, un artiste ou une égérie qui participe à la conception de la collection. Il y a d'autres manières de mettre en scène des nouveautés, comme les « collections capsules » : il s'agit de mini-séries sur un thème donné.

1. Chez Burberry, on peut désormais acheter au moment du défilé la collection de prêt-à-porter déclinée de la collection présentée.

La mode toxique

En 2000, la production mondiale de vêtements était estimée à 50 milliards de pièces. En 2018, elle a presque triplé pour atteindre 140 milliards. Nous l'avons vu, nous achetons quatre fois plus de vêtements qu'en 1980. Une minorité de ces produits sont conçus en prenant en compte les impacts sur l'environnement. La plupart sont fabriqués dans des pays ne disposant pas de réglementation. Même si certaines normes existent, il n'y a pas de moyen de contrôle efficace. Conséquence : les émissions de polluants augmentent de manière exponentielle chaque année. Le rapport du Danish Fashion Institute a établi en 2017 des projections alarmantes sur l'empreinte environnementale de l'industrie de la mode d'ici à 2030[1].

La mode qui aliène

Oh la la la vie en rose
Le rose qu'on nous propose
D'avoir les quantités d'choses
Qui donnent envie d'autre chose
Aïe on nous fait croire
Que le bonheur c'est d'avoir
De l'avoir plein nos armoires
Dérisions de nous dérisoires[2]

1. Danish Fashion Institute, *Pulse of the Fashion Industry*, 2017.
2. Alain Souchon, « Foule sentimentale », 1993.

La première des contraintes qu'impose la mode concerne le corps. Car même si celle-ci a pu accompagner une certaine « libération » du corps des femmes, elle impose de nouvelles injonctions. La dictature de la maigreur sur les podiums des défilés, dans les publicités et les magazines a de nombreux effets. Ainsi, en France, 70 % des femmes et 50 % des hommes souhaitent maigrir[1]. L'augmentation des cas d'anorexie mentale est la partie la plus visible de ce phénomène. On serait tenté de penser que, avec les nouveaux médias de la mode comme les blogs, cette tendance à l'uniformisation des corps s'atténuerait, mais il n'en est rien. Un exemple parmi d'autres : en 2016, Betty Autier, blogueuse de mode à succès, a raconté dans un livre autobiographique les troubles alimentaires dont elle avait été victime en cherchant à se conformer aux attentes de ses lectrices et à séduire les enseignes dont elle promeut les produits[2].

Dans leur stratégie de communication, les grandes marques parviennent à formuler des promesses suscitant désir, confiance et dépendance à l'acte d'achat. Quand une publicité sur un lieu de vente montre une robe portée dans un contexte qui incarne la féminité et la fraîcheur, elle donne envie de l'acheter, indépendamment de ses qualités intrinsèques.

Je suis happée par l'éclairage, le cheminement dans
le magasin, la musique : tout me pousse à désirer
cette robe même si, une fois acquise,
je ne la porterai pas. Et je reviendrai le samedi
suivant car il me manquera les chaussures assorties.
Ce nouveau style me semblera déjà périmé lors
de la prochaine campagne de communication,
qui mettra en scène une autre couleur,
une autre ambiance, un autre univers
que je désirerai avec autant de force.

1. Études Inserm, 2012.
2. Betty Autier, *Betty*, Flammarion, 2016.

Cette quête est perpétuelle. Elle l'est encore plus pour celles et ceux qui suivent les grands prescripteurs de tendances sur leurs blogs, sur les réseaux sociaux et dans les magazines de mode. Ces médias proposent des revues de styles, avec des tenues issues de la haute couture et de grands créateurs aux prix inabordables. Pour se conformer aux tendances, il faut donc chiner des pièces approximativement similaires, mais souvent de moindre qualité. Ces achats encombrent nos dressings sans que nous soyons pour autant satisfaits de l'assemblage général. Lorsque l'overdose de shopping arrive et que le placard déborde, les consommateurs trient et se rendent compte qu'il leur manque des basiques essentiels, que de nombreux vêtements n'ont jamais été portés, et qu'ils ont très peu de vêtements encore en bon état. Les personnes achèteraient 60 % de vêtements en plus qu'il y a quinze ans et les conserveraient deux fois moins longtemps[1]. Cette quête engendre donc une frustration permanente. Plus on achète, plus on désire, moins on est satisfait de ce que l'on a et de son style.

La mode qui pollue

Beaucoup de chiffres circulent sur les impacts écologiques de l'industrie de la mode. L'Agence de l'environnement et de la maîtrise de l'énergie (Ademe) a engagé une étude pour estimer précisément ses conséquences. Elle a publié une guide pratique intitulé *Le Revers de mon look. Quels impacts ont mes vêtements et mes chaussures sur la planète ?*, disponible sur son site. Près de la moitié des impacts environnementaux peut être attribuée à la phase de production des vêtements, l'autre moitié est imputable à l'usage (lavage, pressing, mise en déchets, valorisation).

L'industrie de la mode contribue aux émissions de gaz à effet de serre (GES) et au dérèglement climatique en consommant des énergies fossiles dans la phase de production et dans le transport des composants et des produits finis : 1,8 milliard de tonnes de

1. McKinsey & Company, « Style that suitable : A new fast-fashion formula », Nathalie Remy, Evelyn Speelman et Steven Swartz, 2006, *in* Ademe, *Le Revers de mon look*, 2018.

GES lui sont imputables chaque année, soit davantage que le transport maritime et aérien international. En 2030, ces émissions atteindront 2,8 milliards de tonnes, soit l'équivalent de 230 millions de voitures roulant pendant un an[1]. Toutes les fibres n'émettent pas le même niveau de gaz à effet de serre : si on compare les deux principales fibres qui composent nos vêtements, on estime que produire un tee-shirt en polyester (fibre synthétique dérivée du pétrole) génère 5,5 kilos de GES, contre 2,1 kilos pour un tee-shirt en coton (fibre végétale)[2]. L'éloignement entre les sites où sont cultivées les matières premières, fabriqués le fil et le tissu, réalisées la confection et la commercialisation a également des impacts sur le climat : un jean et ses composants parcourent en moyenne 65 000 kilomètres, soit 1,5 fois le tour de la Terre. Cela équivaut à l'utilisation de 25 litres de pétrole.

La fabrication de vêtements et leur entretien nécessitent beaucoup d'eau : 79 milliards de mètres cubes sont employés chaque année dans le monde pour la fabrication textile[3]. C'est la culture des matières premières qui exige ces quantités importantes, en particulier le coton. Selon l'organisation Water Footprint Network, celui-ci constitue le troisième consommateur d'eau d'irrigation au niveau mondial : en moyenne, il faut 5 263 litres d'eau pour en produire 1 kilo, alors que les zones géographiques où il est cultivé connaissent une pénurie d'eau potable. Erwan Autret, ingénieur à l'Ademe, estime qu'il faut « 2 700 litres pour fabriquer un tee-shirt, soit ce que consomme un individu en trois ans. Pour un jean, entre 7 000 et 11 000 litres d'eau sont nécessaires, l'équivalent de 285 douches[4] ». Le coton entraîne d'autres conséquences : 40 % de la production textile mondiale en contient et sa culture occupe 2,5 % des terres agricoles de la planète, parfois au détriment d'une agriculture vivrière qui permettrait de mieux nourrir les habitants. À lui seul, le coton absorbe 25 % des insecticides et 10 % des herbicides sur le marché. L'Organisation mondiale de la santé (OMS)

1. Danish Fashion Institute, *Pulse of the Fashion Industry*, *op. cit.*
2. Deborah Drew et Genevieve Yehounme, *The Apparel Industry's Environmental Impact in 6 Graphics*, World Resources Institute, 5 juillet 2017.
3. Danish Fashion Institute, *Pulse of the Fashion Industry*, *op. cit.*
4. « Soldes : on peut passer d'un modèle jetable à un modèle plus durable », *Le Monde*, 18 janvier 2018.

estime que 22 000 personnes décèdent ainsi chaque année à cause de l'exposition aux pesticides nécessaires à sa culture.

Après la culture et la transformation des matières premières en fibres vient la phase d'ennoblissement : il s'agit de l'ensemble des traitements pratiqués pour que celles-ci deviennent du fil puis du tissu finalisé. Si on prend l'exemple de la transformation du coton en denim (toile de jean), des résines synthétiques toxiques sont employées pour qu'il résiste au froissement ou qu'il ne rétrécisse pas. Lors de la phase de teinture des fils et des tissus, les eaux usées sont souvent déversées directement dans la nature. Certaines enseignes déclarent avoir mis en place des systèmes d'épuration pour les filtrer[1], mais les autorités locales des pays concernés ne disposent souvent d'aucun moyen de contrôle. Résultat : l'ONG Riverkeeper estime que le taux de métaux lourds présents dans les eaux de surface au Bangladesh est cinquante fois supérieur à la moyenne. Selon une enquête menée en 2011 par Greenpeace[2], 70 % des eaux de surface en Chine sont polluées à cause de l'industrie textile. Le documentaire *River Blue*[3] montre les effets de l'industrie textile sur les rivières et les eaux de surface partout dans le monde. Outre leurs répercussions sanitaires sur les habitants, ces pollutions créent un phénomène d'eutrophisation, c'est-à-dire qu'elles asphyxient les milieux aquatiques. Les substances chimiques présentes dans les rivières ne constitueraient pas la seule conséquence de ces rejets non réglementés. Ainsi, les microfibres textiles dans les océans représenteraient l'équivalent de 50 milliards de bouteilles plastiques, selon le rapport de la Fondation Ellen MacArthur[4].

L'Asie est, pour l'instant, la principale zone géographique concernée par ces pollutions liées à la production textile. Mais ailleurs, de nouveaux eldorados voient le jour. Ainsi, des villes-usines se développent à toute vitesse à Addis-Abeba, en Éthiopie[5] : des entreprises textiles, notamment chinoises, y ont implanté une partie de leur activité de confection. Avec 45 millions d'hectares

1. H&M, *Rapport Sustainability*, 2015, p. 34.
2. Greenpeace, *Les Dessous toxiques de la mode*, 2012.
3. David McIlvride et Roger Williams, *River Blue*, 2016.
4. Fondation Ellen MacArthur, *A New Textiles Economy : Redesigning Fashion's Future*, décembre 2017.
5. « En Éthiopie, avec les paysans expropriés », *Mediapart*, 4 septembre 2012.

de terres arables, l'Éthiopie offre en effet une nouvelle perspective pour la culture du coton. Dans la vallée de l'Omo, une zone naturelle protégée, un immense barrage a été construit pour irriguer 200 000 hectares de canne à sucre, de coton, de soja, de palmiers à huile[1]...

La toxicité des textiles ne s'arrête pas à la phase de production. Dans son rapport de 2012 *Les Dessous toxiques de la mode*, Greenpeace a établi que deux tiers des textiles analysés contiennent des produits toxiques, parmi lesquels des perturbateurs endocriniens qui impactent notre santé. Ceux-ci sont également disséminés dans les milieux naturels, par exemple lors des lavages en machine, par la voie des eaux usées. En 2009, en France, des cas de personnes victimes de formes graves d'urticaire et de brûlures ont été recensés du fait de l'utilisation d'articles produits en Chine[2]. Selon une enquête menée en 2014 par des journalistes de France 2[3], des gaz de conservation seraient diffusés dans les conteneurs pendant leur transport en mer, qui peut durer jusqu'à deux mois : lors de leur ouverture dans les ports européens, comme au Havre, la manipulation des produits susciterait des malaises chez les dockers, et des allergies et des nuisances graves ont également été déclarées chez des employés de boutiques. Dans les analyses effectuées sur des échantillons de vêtements, un taux exceptionnel de nonylphénol, un perturbateur endocrinien, a été relevé. Les consommateurs sont eux aussi exposés à cette toxicité.

La mode génère enfin des déchets importants : chaque année en France, ce sont 700 000 tonnes de textiles, de linge de maison et de chaussures qui sont ainsi mises sur le marché. Un tiers seulement de ces vêtements sont collectés après usage[4], alors que deux tiers des Français déclarent avoir acheté des vêtements qu'ils ne portent jamais[5]. L'obsolescence programmée, associée souvent aux produits électroniques, vaut donc aussi pour le textile, du fait

1. Agnès Stienne, « Vol de terres en Éthiopie », www.visionscarto.net, 19 juin 2015.
2. « De sévères brûlures attribuées à des chaussures chinoises », *Libération*, 28 août 2009.
3. *Textile, mode toxique*, « Envoyé spécial », 25 octobre 2014.
4. Ademe, *Textiles d'habillement, linge de maison et chaussures des ménages*, décembre 2015.
5. Source BVA, 2012.

des changements rapides des tendances et de la moindre qualité des vêtements. Ainsi, on choisit des cotons aux fibres courtes, qui rétrécissent et boulochent plus vite au lavage.

La mode qui exploite

Malgré un net recul ces dernières années, le coton représente 30 % des matières premières utilisées dans le monde pour produire du textile et des vêtements. Cette fibre végétale est issue d'une culture très consommatrice de main-d'œuvre. Le travail des mineurs dans cette filière est fréquemment dénoncé par des ONG, ce que vient confirmer l'OIT, qui estime que le secteur agricole emploie dans le monde 108 millions d'enfants âgés de 5 à 14 ans[1].

En Inde, la culture du coton fait l'objet de controverses. La journaliste Marie-Monique Robin rapporte dans une de ses enquêtes plusieurs témoignages et chiffres, dont celui, éloquent, du nombre de suicides : toutes les trente minutes, un paysan indien mettrait fin à ses jours à cause de ses conditions de vie[2]. Elle reprend là certains constats dressés par Vandana Shiva : l'industriel de l'agroalimentaire Monsanto a incité les agriculteurs à remplacer leurs semences traditionnelles de coton par des semences OGM (coton Bt), leur promettant une plus grande rentabilité. Le résultat est un endettement des paysans, une augmentation de leur dépendance à ces semences transgéniques et une vulnérabilité des récoltes, car très rapidement les insectes sont devenus résistants à l'insecticide produit par le coton Bt.

Une autre enquête de l'économiste américaine Pietra Rivoli[3] se penche sur l'histoire de l'industrie cotonnière et de la confection textile. Comme nous l'avons indiqué, les États-Unis étaient encore récemment un important producteur de coton, dépassé désormais par l'Inde et la Chine. Pour l'auteure, les subventions distribuées aux producteurs américains par l'État expliquent en partie le main-

1. OIT, *Estimations mondiales du travail des enfants : résultats et tendances, 2012-2016*, 2017.
2. Marie-Monique Robin a mené plusieurs enquêtes sur le sujet pour Arte, que l'on peut retrouver sur son blog : www.arte.tv/sites/robin
3. P. Rivoli, *Les Aventures d'un tee-shirt dans l'économie globalisée*, *op. cit.*

tien de la rentabilité de la filière jusqu'à cette entrée dans une économie moderne. Elle remonte plus loin dans le temps en rappelant que l'essor du coton a été permis par l'utilisation d'une main-d'œuvre quasi gratuite avec l'esclavage. La pénibilité des conditions de travail et le non-respect des droits humains ne sont pas des données récentes dans l'histoire de la culture des matières premières !

Dans la fabrication textile, l'industrialisation apparaît avec les premières usines au XIXe siècle. Les travailleurs qui rejoignent ces fabriques sont des femmes et des enfants venus des campagnes. En France, dans le Nord-Pas-de-Calais, les ouvriers ont le même profil. Dans un rapport de la Chambre de commerce et de l'industrie daté de 1837, un patron de manufacture explique : « Quelquefois, les mères apportent leurs nourrissons et on est étonné de trouver des enfants dans les paniers à coton. Lorsque les enfants grandissent, les parents demandent parfois la permission de les amener avec eux. [...] On ne leur demande que de petits services. [...] Ils montent les bobines et ne sont occupés que la moitié du temps de travail. »

Malgré la modernisation des procédés de fabrication, produire du textile à bas coût va encore de pair avec des salaires très bas pour des temps de travail hebdomadaires importants. Au Cambodge, par exemple, une ouvrière travaille six jours sur sept, douze heures par jour, sans congés payés, pour 100 euros par mois après des années d'expérience[1]. Au Bangladesh, le salaire mensuel moyen est de 30 euros. Ces chiffres sont rapportés par différentes organisations, comme le think tank Overseas Development Institute[2] ou les ONG Clean Clothes Campaign[3] et Human Rights Watch[4]. Une autre ONG, Fair Wear Foundation,

1. « "Moi, Chantan, ouvrière textile au Cambodge, 12 heures par jour, 6 jours sur 7, sans congés..." », *Libération*, 16 octobre 2014.

2. Le rapport de l'Overseas Development Institute, daté de 2016, établit à 15 % le nombre d'enfants de 6 à 14 ans travaillant à temps plein dans le textile à Dacca, la capitale du Bangladesh.

3. Clean Clothes Campaign, *Cash ! Pratiques d'approvisionnement de la grande distribution et conditions de travail dans l'industrie de l'habillement*, 2009. Rapport réalisé après enquête auprès de 400 entreprises.

4. Human Rights Watch, *Work Faster or Get Out: Labor Rights Abuses in Cambodia's Garment Industry*, 2015. Rapport réalisé après enquête auprès de 75 usines au Cambodge.

DÉCOMPOSITION DU PRIX D'UN TEE-SHIRT FABRIQUÉ AU BANGLADESH

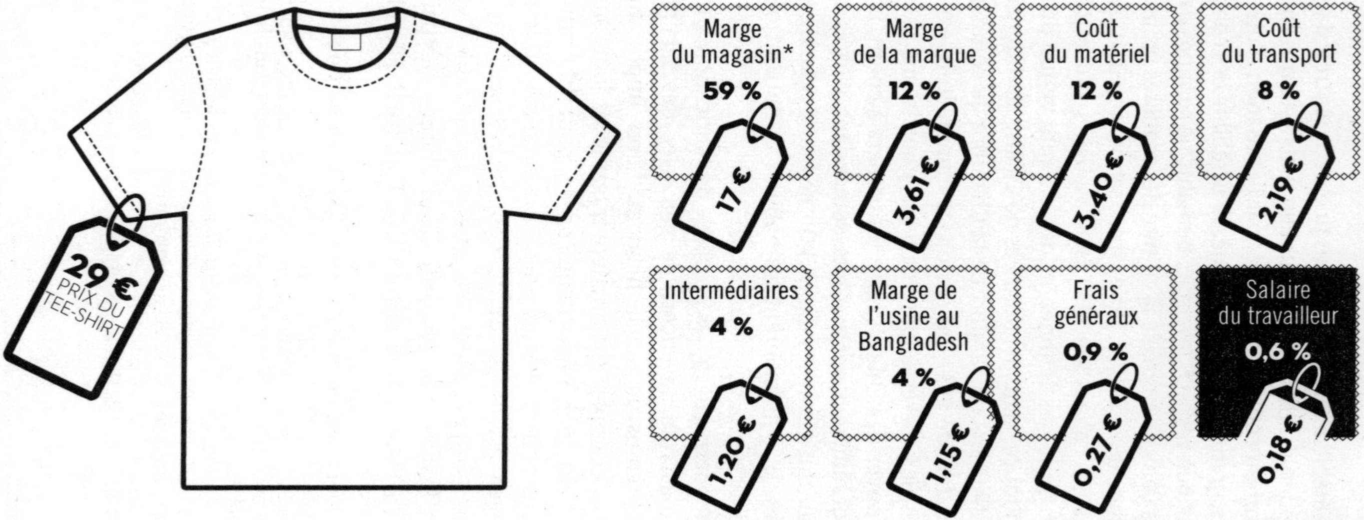

*Tous les coûts liés à la vente en magasin sont inclus : personnel, loyer, TVA, etc.

Source : www.fairwear.org *via* www.ethique-sur-etiquette.org

a décomposé le coût d'un tee-shirt : celui de la main-d'œuvre représente 0,6 % du coût global du vêtement. La Révolution textile, marque de prêt-à-porter éthique, a réalisé le même exercice concernant sa propre production : pour un tee-shirt fabriqué en France par cette marque, le coût de production représente 44 % du coût global du vêtement.

LE BANGLADESH

L'industrie textile au Bangladesh s'est développée depuis les années 1980, avec l'appui d'investissements asiatiques et européens. 70 % des usines appartiennent à des Bangladais ; elles emploient aujourd'hui 4 millions de personnes. La production et les exportations continuent à augmenter. C'est le niveau de rémunération, très bas, qui constitue le principal « avantage » du pays. Rester compétitif lui demande de produire toujours plus, toujours moins cher, ce qui est difficilement compatible avec le respect des droits sociaux.

Cette réalité a surgi dans l'actualité avec l'effondrement de l'usine du Rana Plaza le 24 avril 2013, qui a fait plus de 1 200 morts et plus d'un millier de blessés[1]. Ce bâtiment de plusieurs étages abritait des ateliers de confection textile pour le compte de différentes marques internationales de vêtements comme Primark, Mango, Benetton ou Tex (Carrefour). Des fissures étaient apparues la veille du drame et il n'a fallu que quelques secondes à l'immeuble pour s'effondrer. Le Bangladesh ne disposant pas de système d'assurance pour les accidents du travail, un fonds d'indemnisation des victimes a été mis en place sous l'égide de l'OIT. Il a fallu plus de deux ans pour réunir les 30 millions de dollars nécessaires, certaines marques ayant refusé de participer. D'autres accidents étaient déjà survenus dans le pays, comme en 2012 l'incendie de l'usine Tazreen (117 morts, 200 blessés) ou en 2005 l'effondrement de l'usine Spectrum (64 morts, 80 blessés)[2].

Aujourd'hui, le Bangladesh est dépendant de cette industrie qui emploie 40 % des salariés, ce qui le rend très vulnérable.

---

1. Ministère du Commerce extérieur, *Rapport du PCN*, *op. cit.*
2. *Ibid.*

DÉCOMPOSITION DU PRIX D'UN TEE-SHIRT FABRIQUÉ EN FRANCE PAR LA RÉVOLUTION TEXTILE

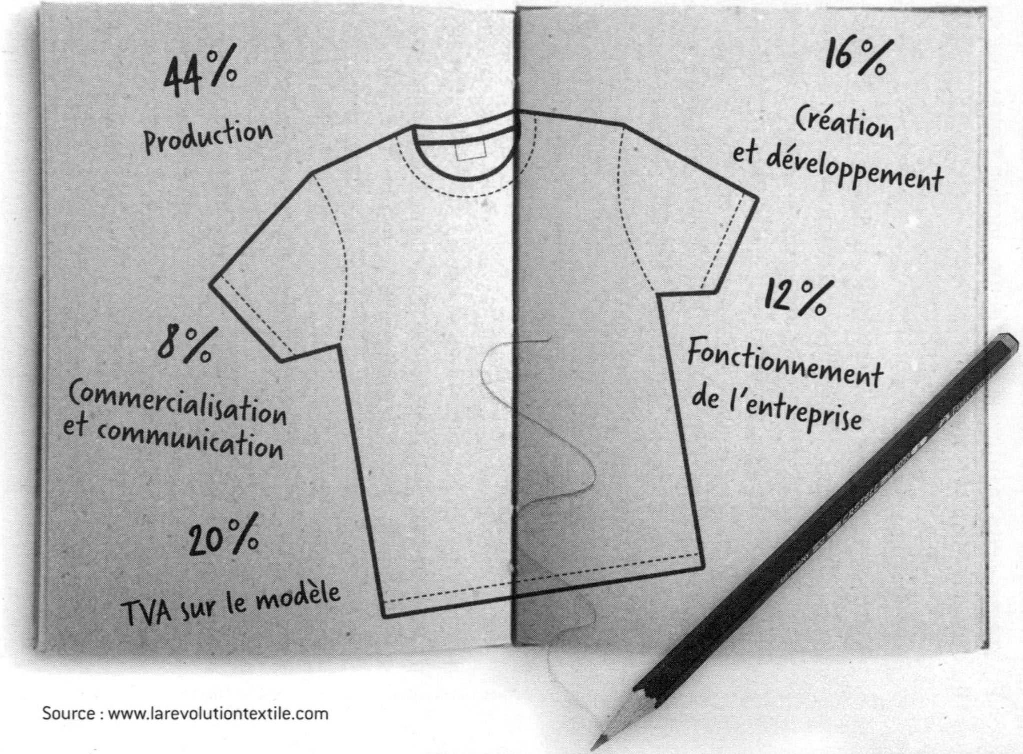

Source : www.larevolutiontextile.com

Mais certaines enseignes recherchent de nouveaux eldorados, comme en Éthiopie[1]. Le géant de la chaussure Huajian y emploie 4 500 salariés, qu'il paie dix fois moins cher qu'en Chine. La proximité des matières premières (cuir et coton) accélère le processus. Comme dans les pays du Sud-Est asiatique, les pouvoirs publics éthiopiens encouragent ces implantations. La Chine prévoit ainsi la délocalisation de 85 000 emplois industriels[2].

Deux autres dangers menacent la production textile au Bangladesh : le dérèglement climatique et l'élévation du niveau des mers. Le pays est bordé par la mer et traversé par les écoulements venant de l'Himalaya. Le niveau de la mer augmente chaque année, générant déjà de grands déplacements de populations à cause des inondations et des phénomènes climatiques extrêmes. Le gouvernement a mis en place des programmes pour endiguer les risques, mais les études prévoient une montée d'un mètre du niveau de la mer sur le littoral d'ici 2050, ce qui conduirait à une inondation de Dacca, la capitale, où sont concentrées les usines textiles. Toute l'économie du pays est mise à mal.

---

1. Antoine Galindo, « L'Éthiopie, nouvel eldorado du textile », *Forbes Afrique*, 3 février 2016.
2. Émeline Wuilbercq, « Le "made in Ethiopia" sur la voie du Bangladesh ? », *Le Monde*, 12 février 2016.

Partie 2

Rendre possible une mode éthique

La mode éthique : de quoi parle-t-on ?

Une définition de la mode éthique

La mode éthique, au premier abord, c'est simple. Il s'agit d'opérer selon des valeurs morales : respect des hommes, de la planète et de soi. Ou, pour citer le philosophe Hans Jonas, il faut agir « de façon telle que les effets de nos actions ne soient pas destructeurs pour la possibilité future d'une telle vie[1] ».

Un autre philosophe, Mark Hunyadi, distingue la « petite éthique » de l'« éthique[2] ». La petite éthique consisterait à affirmer qu'il est éthique de consommer toujours autant d'eau potable pour fabriquer un tee-shirt à partir du moment où on met en place un système de traitement des eaux usées. L'éthique, elle, nous amène à nous poser des questions plus globales : est-ce bien raisonnable de gaspiller de l'eau pour fabriquer des tee-shirts dont la durée de vie n'excédera pas trois mois ? Comment faire cohabiter pacifiquement plusieurs milliards d'êtres humains avec des ressources limitées en eau ? L'éthique, c'est une nouvelle conscience qui nous fait nous sentir concernés par la vulnérabilité de l'homme et de la planète, où que nous soyons.

C'est une démarche difficile, car les problèmes environnementaux et sociaux mondiaux, et les solutions à y apporter, dépassent notre entendement. Jamais l'humanité, dans son histoire, n'a été

1. Hans Jonas, *Le Principe responsabilité*, Flammarion, 2013 [1991].
2. Mark Hunyadi, *La Tyrannie des modes de vie. Sur le paradoxe moral de notre temps*, Le Bord de l'eau, 2015.

confrontée à un tel défi. Et même si les informations et les solutions existent, le philosophe Jean-Pierre Dupuy résume l'obstacle à l'élargissement de notre conscience en une phrase : « Nous ne croyons pas ce que nous savons[1]. » En d'autres termes, la connaissance intellectuelle ne peut suffire, il faut une connaissance vivante, une appropriation profonde qui ne peut passer que par l'expérience. Lorsqu'on écoute des militants comme Nayla Ajaltouni, porte-parole du collectif Éthique sur l'étiquette, il devient évident que le fait de rencontrer des travailleurs du textile et de voir « en vrai » les dégâts environnementaux de cette filière nous change radicalement et oblige à l'action.

Cette appropriation est plus compliquée lorsqu'on est un simple consommateur et que l'on vit en France, où les rivières polluées et les ateliers surchargés sont une réalité lointaine. Comment s'identifier à un paysan indien ou à une couturière bangladaise quand on habite au cœur d'une ville riche et qu'on entre dans une jolie boutique de mode à l'univers feutré ? C'est pour cela que les documentaires, les articles et les rencontres avec des témoins sont utiles : pour réduire la distance psychologique entre les consommateurs et la réalité des conditions de fabrication de ce qu'ils consomment.

Pour réduire cette distance, il y a plusieurs voies possibles : mettre en avant la toxicité des vêtements pour notre propre santé, se reconnecter avec la nature et relier dans une même communauté clients et producteurs grâce une économie plus collaborative[2], promouvoir le *care* comme une aptitude à prendre soin des autres qui fonde toutes nos actions[3]. C'est ce que proposent la plupart des marques de mode éthique.

1. Jean-Pierre Dupuy, *Pour un catastrophisme éclairé. Quand l'impossible est certain*, Le Seuil, 2004.
2. Barbara Bonnefoy *et al.*, «"Penser globalement, agir localement": comment les distances spatiales et temporelles modulent notre relation à l'environnement », dans Dorothée Marchand, Sandrine Depeau et Karine Weiss (dir.), *L'Individu au risque de l'environnement. Regards croisés de la psychologie environnementale*, In Press, 2014.
3. Marie Garrau, *Care et attention*, PUF, 2014.

ET LA MODE DURABLE ET RESPONSABLE ?

La mode durable consiste à répondre à nos besoins « sans impacter la capacité des générations futures de répondre aux leurs[1] ». Si on applique ce principe à la mode, cela a des incidences à la fois dans le domaine environnemental, social, culturel et économique. Ainsi, faire de la mode durable, c'est faire de la mode qui préserve l'écosystème, la vie de ceux qui travaillent dans ce secteur et leur savoir-faire.

La mode responsable, quant à elle, signifie que les entreprises cherchent à garantir les impacts sociaux et environnementaux de tous les aspects de la chaîne, de la fabrication à la commercialisation, y compris chez leurs sous-traitants[2]. On parle dans ce cas de responsabilité sociétale des entreprises (RSE).

Aujourd'hui, certains utilisent aussi le terme de *slow-fashion*. Littéralement, une « mode lente », qui invite à ralentir : produire moins, prendre le temps de créer, de se rencontrer pour partager. C'est une approche nouvelle de la mode, plus qualitative que quantitative.

Ce que dit la loi

Le règlement REACH (Registration, Evaluation, Authorisation and Restriction of Chemicals)[3], voté par le Parlement européen en 2006, interdit l'usage de certaines substances toxiques. En théorie, les textiles « toxiques » ne peuvent donc pas être importés par les enseignes européennes. REACH est appliqué depuis 2007 : les fournisseurs doivent disposer d'attestations sur

1. Gro Harlem Brundtland, *Notre avenir à tous* (« Rapport Brundtland »), Commission mondiale sur l'environnement et le développement de l'ONU, 1987.
2. Sur la notion de mode responsable, on peut lire sur le site Myhappywardrobe.com le travail très complet d'Ariane Naumovic, *La Mode responsable en France*, mémoire de master en management de la mode et de la création sous la direction de Françoise Tricoire (université d'Angers, 2014).
3. Le règlement REACH a été adopté par le Parlement européen pour protéger la santé humaine et l'environnement contre les risques liés aux substances chimiques : 181 substances sont référencées et nécessitent, par exemple, des mesures pour garantir qu'elles sont présentes en dessous d'un seuil de concentration (source Agence européenne des produits chimiques).

les substances chimiques[1] contenues ou utilisées dans la fabrication des articles produits ou importés dans l'espace économique européen et tenir informée l'Agence européenne des produits chimiques (ECHA).

En ce qui concerne les conditions de travail, une loi sur le devoir de vigilance[2] a été votée en 2017 à l'Assemblée nationale et concerne les multinationales de plus de 5 000 salariés : elles sont 150 à avoir désormais l'obligation d'élaborer un plan de vigilance pour prévenir les atteintes graves aux droits humains, aux libertés fondamentales, à la santé et à la sécurité des personnes chez les sous-traitants[3]. L'obligation de vigilance sur les conditions de travail chez les sous-traitants est donc une avancée. Après l'adoption de la loi, le Conseil constitutionnel a cependant retiré les pénalités financières prévues en cas de manquement.

La sous-traitance permet aux multinationales de se déresponsabiliser : ce problème est connu depuis longtemps. Dans les années 1990, Nike a ainsi été épinglée par des ONG pour non-respect de certaines conventions internationales concernant la liberté syndicale, le travail forcé et le travail des enfants, au moment où l'entreprise affichait un bénéfice record de 795 millions de dollars[4] – ce qui lui a valu d'être la marque « non éthique » la plus citée dans les enquêtes d'opinion. Répondant à la polémique, le directeur de l'enseigne en Indonésie a alors déclaré : « Je n'ai pas à savoir ce qu'il se passe là-bas[5]. » Plus de vingt ans après, c'est l'effondrement du Rana Plaza qui a amené à l'élaboration de la loi sur le devoir de vigilance.

1. Entre autres : colorants azoïques, pentachlorophénol, nickel, cadmium, mercure ou phtalates.
2. Loi n° 2017-399 du 27 mars 2017 « relative au devoir de vigilance des sociétés mères et des entreprises donneuses d'ordre ».
3. Ces entreprises doivent notamment fournir une cartographie des risques, des procédures et des mesures d'évaluation mises en œuvre.
4. *Revue française de gestion*, 2005.
5. Debora L. Spar et Jennifer Burns, *Hitting the Wall : Nike and International Labor Practices,* Harvard Business School, janvier 2000.

LE TRAVAIL DES ENFANTS

Selon l'OIT, 168 millions d'enfants travaillent aujourd'hui dans le monde, dont 85 millions ont une activité dangereuse. C'est en Asie-Pacifique que leur nombre est le plus important. Le premier secteur employant des enfants est l'agriculture ; la culture du coton est principalement concernée, notamment en Inde. Et 12 millions d'enfants travaillent dans l'industrie.

Plusieurs initiatives ont été prises pour lutter contre ce fléau. L'OIT a par exemple élaboré des conventions et des recommandations ratifiées par les États et devant être traduites dans les législations nationales. Deux conventions régissent ce sujet : la convention 182 interdit l'embauche des enfants pour les « pires formes de travail » et la convention 138 fixe l'âge minimum d'admission à l'emploi et au travail en fonction de la pénibilité. Pour les pays en voie de développement, il est ainsi fixé à 12 ans pour les travaux légers qui n'empêchent pas la poursuite de la scolarité, 14 ans pour le travail à temps plein à l'issue de la scolarité, 18 ans pour les travaux dangereux ayant un impact sur la santé, la sécurité ou la morale. La convention 182 a été ratifiée par 179 pays et la convention 138 par 160 pays, ce qui a entraîné une baisse du travail des enfants de 30 % depuis 2000[1]. Une autre initiative a été prise en 2016 par un groupe d'éducateurs néo-zélandais avec l'appui de l'Unicef[2] et de l'agence de publicité Saatchi & Saatchi : le label Child Labor Free est appliqué sur les vêtements qui ne sont issus d'aucune forme d'exploitation infantile pour que les consommateurs puissent contribuer à réduire le travail des enfants. Dans l'industrie textile, en raison du grand nombre de sous-traitants, la chaîne de décision est complexe. Le label propose à la fois un audit de toute la chaîne de production et le soutien de projets permettant aux familles de trouver des ressources alternatives aux salaires de leurs enfants. Ses concepteurs espèrent en faire un standard reconnu mondialement.

1. Source Unicef, 2016.
2. Agence de l'ONU fondée en 1946 pour « promouvoir et défendre les droits de l'enfant ».

Les labels et l'évaluation environnementale des produits textiles

Le label le plus complet est le Global Organic Textile Standard (GOTS), lancé en 2008 par quatre organisations qui avaient développé des référentiels textiles dans leurs pays respectifs (Allemagne, Royaume-Uni, Japon et États-Unis). En se fondant sur l'expertise de ses membres, le GOTS veut s'imposer comme le référentiel mondial de l'évaluation de la qualité environnementale, sanitaire et sociale de la production textile. C'est le label le plus abouti, qui garantit le caractère vraiment biologique des fibres[1] et « la responsabilité du point de vue social et environnemental de la transformation et de la fabrication textiles ». Le GOTS coexiste avec plusieurs autres labels plus spécifiques, dont les deux suivants :

– Oeko-Tex, créé en 1992 par l'Association internationale pour la recherche et l'essai des textiles écologiques, qui s'est imposé comme le leader mondial de la « labellisation santé » des textiles. Il est apposé sur ceux ne contenant pas de produits chimiques nocifs pour la santé. Il existe aussi dans une version portant des exigences en matière de respect de la nature et d'économie d'énergie, Oeko-Tex Standard 1000 ;

– Max Havelaar Fair Trade, qui garantit la transparence de la chaîne de production et la juste rétribution des producteurs. C'est le label le plus connu du commerce équitable. Il certifie l'usage de coton équitable dans la production textile et référence sur son site Internet les marques qui en emploient.

La prolifération des labels est un vrai problème pour les consommateurs : nous n'en avons cité que trois, mais il en existe un nombre incalculable au niveau mondial. Il est donc difficile de s'y retrouver et de savoir quel enjeu privilégier : le caractère biologique du coton ou le caractère équitable de la production ? Un label unique, lui, permettrait aux consommateurs de savoir clairement que leur vêtement ne comporte pas d'éléments toxiques, qu'il n'a pas surexploité les ressources naturelles ni été

1. Produites sans pesticides ni OGM.

confectionné par des enfants, et qu'il répond à des standards techniques garantissant sa durabilité.

Certains labels font même débat, comme celui de la Better Cotton Initiative (BCI), à laquelle participent des entreprises françaises. Fondée en 2009 par des marques internationales de textile et des ONG, la BCI affiche sa volonté de réduire les impacts de la production de coton et de favoriser le développement durable des régions productrices, avec l'objectif affiché que 30 % de la production mondiale soit biologique en 2020. Pour son émission « Cash Investigation », Élise Lucet a mené une enquête sur la BCI : elle y met en évidence que, sans évaluation indépendante, les marques peuvent utiliser ce label sur les vêtements qu'elles commercialisent sans qu'on sache s'ils contiennent vraiment du coton biologique.

Pour connaître les effets environnementaux d'un produit textile, la démarche la plus complète consiste à analyser l'ensemble de son « cycle de vie ». Il s'agit d'inventorier[1] et de réduire les impacts sur l'environnement dans toutes les phases de production, de commercialisation et de vie du produit. Cela inclut la culture des matières premières, la transformation, les transports, l'utilisation (l'entretien) et le recyclage. Un travail européen est engagé pour promouvoir dans le textile l'affichage environnemental, qui est déjà une réalité dans l'électroménager : comme pour la consommation énergétique de notre machine à laver, nous pourrions ainsi savoir si notre tee-shirt est classé A+ ou E-.

QUAND LES MARQUES SE METTENT À L'ÉVALUATION ENVIRONNEMENTALE

Le Belge Bruno Pieters est l'un des promoteurs de la démarche d'évaluation environnementale. Avec sa marque Honest by, il propose une mode minimaliste, résolument slow-fashion et 100 % transparente. Tout est inscrit sur l'étiquette : le lieu de fabrication, les impacts écologiques, etc. Stella McCartney, créatrice écologiste au succès mondial, évalue l'impact

1. Cette méthode d'inventaire est définie par deux normes internationales, ISO 14040 et ISO 14043. Hélène Teulon, *Le Guide de l'éco-innovation. Éco-concevoir pour gagner en compétitivité*, Eyrolles/Ademe, 2014.

environnemental de toutes les matières entrant dans le processus de fabrication de ses vêtements. Elle nous apprend ainsi qu'il faut tondre quatre chèvres pour faire un pull en cachemire, ce qui entraîne un désastre écologique dans les steppes de Mongolie du fait de l'élevage intensif. Elle nous apprend également que porter un vêtement trois mois de plus réduit de 10 % son empreinte carbone, soit son impact sur le dérèglement climatique.

La responsabilité sociétale des entreprises

Les 43 États membres de l'Organisation de coopération et de développement économiques (OCDE) ont adopté, le 25 mai 2011, plusieurs principes directeurs à destination des multinationales concernant la responsabilité sociétale des entreprises. Après l'effondrement du Rana Plaza, le ministère français du Commerce extérieur a demandé un rapport sur la mise en œuvre de ces principes directeurs dans la filière textile et habillement en France[1]. Ce rapport présente des recommandations face à un problème essentiel : comment garantir les conditions sociales et environnementales de la fabrication des vêtements alors que celle-ci a lieu principalement chez des sous-traitants à des milliers de kilomètres des sièges des marques et enseignes qui les commercialisent ? La première étape pour une enseigne est de cartographier précisément ses sous-traitants. Le rapport indique qu'il est difficile de progresser en changeant souvent de partenaires et en cherchant toujours les prix les plus bas : la condition pour avancer est donc d'établir des relations commerciales stables. Il propose ensuite la mise en place d'audits détaillés (audit social, audit sur l'hygiène et la sécurité, audit qualité, audit environnement) pour l'ensemble des sous-traitants. Il répertorie enfin des outils, comme ceux développés par l'ONG Yamana[2].

1. Ministère du Commerce extérieur, *Rapport du PCN…*, *op. cit.*
2. Yamana accompagne les entreprises et les collectivités dans leurs achats durables de textile. L'ONG a développé un barème de notation selon des critères de développement durable et participé à l'élaboration du *Guide d'écoconception des produites textiles-habillement* avec le WWF.

Certaines entreprises ont adopté une politique de responsabilité sociétale et intégré volontairement ces préoccupations dans certaines de leurs activités et relations avec leurs partenaires. Cette démarche a été reconnue par la Commission européenne en 2011 et a fait l'objet d'une norme spécifique[1]. Depuis la loi du 12 juillet 2010 sur l'engagement national pour l'environnement, la responsabilité sociétale des entreprises et les investissements socialement responsables[2] sont inscrits dans la législation. Concrètement, les entreprises s'impliquent de manière très variée. Leur engagement se traduit surtout par un meilleur management de leurs salariés, une meilleure organisation du travail et la réduction des impacts environnementaux au sein de leur siège. La fabrication de leurs produits et les conditions de travail chez leurs sous-traitants sont encore rarement concernées par ces mesures. C'est pour cela qu'il est difficile de distinguer l'engagement réel de l'opération de communication et de marketing, qu'on appelle aussi *greenwashing*.

LA RESPONSABILITÉ SOCIÉTALE DES ENTREPRISES : TROIS EXEMPLES

Les Galeries Lafayette ont lancé, en 2018, l'initiative Go For Good. Elles soutiennent des marques et labélisent « go for good » des produits en fonction de leurs engagements environnementaux, sociaux ou de leur choix de produire localement. Sur l'aspect social, le groupe ÏDKIDS a créé le fonds de dotation We Act for Kids pour soutenir des projets solidaires à destination des enfants, par exemple la scolarisation au Bangladesh. On peut objecter que, si les salariés étaient mieux rémunérés et que des taxes plus importantes bénéficiaient à la fiscalité locale, la scolarisation pourrait être assumée par les pouvoirs publics. Sur l'aspect environnemental, C&A teste des matières plus écologiques, voire biodégradables, pour ses produits et agit, avec sa fondation Fashion for Good, pour promouvoir l'économie circulaire. Cependant, malgré leur intérêt, ces petites campagnes et actions ne peuvent suffire pour répondre à l'état des lieux que nous avons dressé.

1. Afnor ISO 26000.
2. Articles 224 et 225.

Huit actions pour rendre la mode éthique

S'engager dans des associations et faire la Fashion Revolution

Depuis vingt ans, le collectif Éthique sur l'étiquette tente de modifier les pratiques des entreprises et des citoyens ainsi que les politiques publiques. Avec l'aide d'organisations, comme l'association Sherpa, il enquête sur les conditions de travail dans l'industrie de la mode et informe les consommateurs sur la « qualité sociale » de leurs achats.

Une autre ONG joue un rôle capital : Greenpeace, qui constitue un puissant lanceur d'alerte. En 2012, dans *Les Dessous toxiques de la mode*, l'organisation met l'accent sur la pollution des eaux. Elle lance également une campagne auprès des entreprises : le défi Detox. Dix-neuf marques ont ainsi décidé de s'engager après cette campagne en mettant en place un plan concret de suppression des composés perfluorés ou polyfluorés[1] (PFC) d'ici à 2020. Greenpeace rend régulièrement compte des avancées : en 2016, elle a mis en valeur trois enseignes qui ont considérablement fait évoluer leurs pratiques : Benetton, C&A et le groupe suisse COOP. Les plus mauvais élèves sont parfois issus de la haute couture[2].

1. Selon Greenpeace, les marques de vêtements de sport utilisent les PFC pour imperméabiliser les tissus, des composés qui demeureraient dans l'environnement et auraient des effets sanitaires, engendrant notamment des troubles de la thyroïde et de la fertilité.
2. Greenpeace, *Onze produits chimiques dangereux qui devraient être éliminés*, 15 novembre 2012.

Greenpeace et Éthique sur l'étiquette disposent de collectifs locaux implantés dans les grandes villes de France. Il est possible de les rejoindre ou de les soutenir financièrement. Sans ces structures et sans l'information qu'elles apportent aux citoyens, il n'y aurait pas d'évolution aussi importante dans les pratiques des entreprises et le développement de nouveaux modèles de consommation.

Une initiative fédère ces associations et les créateurs engagés : la Fashion Revolution. Elle a été lancée par Carry Somers, fondatrice de la marque équitable Pachacuti, pour commémorer l'effondrement du Rana Plaza. En 2016, 700 000 personnes dans 70 pays ont posté sur les réseaux sociaux une photo de l'étiquette d'un de leurs vêtements avec le hashtag #whomademyclothes. Durant une semaine, partout dans le monde, les consommateurs étaient invités à participer à des conférences, des ciné-débats, des salons, des ateliers et des visites pour penser la mode autrement. L'objectif est « d'inciter les grandes marques de la mode à plus de transparence et à prendre leurs responsabilités, de sensibiliser les consommateurs, les professionnels, les pouvoirs publics sur les travers de la mode, d'obliger les grandes marques à rendre publique la traçabilité des vêtements[1] ».

D'autres personnalités de la mode s'engagent, comme l'« influenceuse » Li Edelkoort, présente au festival Anti-fashion à Marseille, une rencontre annuelle avec des industriels, des représentants de marques, des étudiants, des formateurs et des journalistes du secteur de la mode sur le thème de la mode responsable. Cette évolution « au sommet » du milieu de la mode, si elle se développe, pourrait avoir beaucoup d'influence.

Changer sa manière de consommer : de l'avoir à l'être

Adhérer à une association, s'informer et choisir des vêtements plus durables… C'est déjà beaucoup, mais, pour un changement profond, il est nécessaire « de passer de l'avoir à l'être », comme

1. www.fashionrevolution.org

le dit l'économiste Philippe Moati[1]. Et, pour engager ce changement intérieur, il faut se pencher sur notre rapport aux objets. Car adopter une certaine éthique dans sa consommation de mode et d'articles textiles, c'est d'abord se questionner sur cette dépendance à l'acte de consommer et à ses ressorts profonds.

Lorsque j'achète des vêtements, cela répond-il à un besoin mûrement réfléchi ? Ou est-ce que je cherche le bonheur, le bien-être ? Autant d'états qui ne proviendront jamais d'un objet, mais d'une mise en adéquation entre nos aspirations profondes et ce que nous faisons dans notre vie. Ces questions sont au cœur du roman *Les Choses* de Georges Perec, paru en 1965, qui décrit la vie quotidienne d'un jeune couple d'intellectuels de la classe moyenne dont la quête du bonheur s'incarne dans l'acquisition d'un méli-mélo d'objets et de vêtements. Cette quête les asservit progressivement et les détourne de la « quête d'un sens » pour leurs propres vies.

Des initiatives comme celle de Pierre Rabhi[2] promeuvent en France ce que l'on appelle la « sobriété heureuse » on parle aussi d'« éco-frugalité ». Au lieu de considérer que consommer moins et mieux est une contrainte, ce mouvement valorise les bienfaits d'un mode de vie qui ne soit pas régi par la course à la « possession ».

ET LA CONSOMMATION RESPONSABLE ?

La pionnière en France de la consommation responsable est Élisabeth Laville, qui propose dans son livre *Vers une consommation heureuse* des éléments pour comprendre et agir[3]. Elle y explique que notre volume global de consommation est trois fois plus élevé qu'en 1960, ce qui épuise les ressources naturelles, la planète ne pouvant pas supporter cette croissance infinie. D'autre part, pour que les biens de consommation

1. Philippe Moati, *La Société malade de l'hyperconsommation*, Odile Jacob, 2016.
2. Pierre Rabhi, *Vers la sobriété heureuse*, Actes Sud, 2010.
3. Élisabeth Laville, *Vers une consommation heureuse*, Allary, 2014. Élisabeth Laville a fondé le cabinet de conseil Utopies, spécialisé dans le développement durable, le site Internet grand public Mescoursespourlaplanète.com et l'association Graines de changement. Elle a aussi réalisé un guide des labels de la consommation responsable publié en partenariat avec l'Ademe en 2009.

soient vendus moins cher, ils doivent être produits moins cher, soit en rémunérant moins les salariés. Or nous-mêmes, en tant que consommateurs, nous n'en pouvons plus de cette incitation à l'achat.

Selon Élisabeth Laville, nous pouvons agir à plusieurs niveaux : en réfléchissant mieux à nos impacts environnementaux et sociaux à chaque acte d'achat et en cessant de fonder notre vie sur la consommation en développant le partage, l'échange et la coopération dans tous les domaines.

Organiser sa vie : la magie du rangement

Pour changer notre rapport aux objets et à la consommation, il faut les « remettre à leur place dans notre vie ». Littéralement, il faut ranger. J'ai découvert, comme beaucoup, la méthode KonMari dans le best-seller de la Japonaise Marie Kondo, *La Magie du rangement*[1].

Cette méthode pourrait être classée dans la rubrique « arts ménagers », mais en réalité elle va bien plus loin que la simple organisation de son intérieur. Il s'agit de reprendre possession des objets qui nous entourent en les triant, en se séparant de certains d'entre eux et en les classant avec méthode. C'est un exercice de rangement, intérieur et extérieur, tout en méditation.

L'idée principale est de trier non pas pièce par pièce mais par type d'objets tout ce qu'on a dans sa maison : les vêtements, les livres, les ustensiles de cuisine. Le critère pour choisir de garder ou non un objet, c'est le sentiment qu'il nous procure quand on le prend et qu'on le touche. S'il nous inspire un sentiment positif, on le conserve. S'il suscite plutôt un malaise, on s'en sépare. Ce n'est qu'une fois que tous les objets d'une même catégorie sont triés que l'on peut les ranger.

Le livre propose aussi quelques astuces pour optimiser l'accessibilité des vêtements et l'organisation de l'espace. Quand l'ensemble de la maison est ainsi rangé, la « magie » peut opérer et les choses retrouvent leur juste place. Finalement, on n'obéit

1. Marie Kondo, *La Magie du rangement*, First, 2015.

plus à un ordre qui s'est imposé à nous au fil du temps, nous imposons notre propre ordre.

Cela vaut aussi pour la garde-robe : il ne faut garder que les vêtements qui nous inspirent des impressions positives, et non ceux que l'on subit parce qu'ils sont là « au cas où », qu'ils nous ont coûté cher ou qu'ils sont censés être « tendance ». Lorsqu'on en rachètera, on ne se trompera plus, ou moins souvent. Et ce qu'on ne garde pas, on peut le recycler.

Recycler

Chaque année, en France, nous produisons des centaines de milliers de tonnes de déchets textiles[1]. Seulement 30 % de ces déchets sont collectés et valorisés.

Le meilleur déchet est celui que l'on ne produit pas. Béa Johnson, Française installée aux États-Unis, a choisi un jour de ne plus produire de déchets. Un vrai défi, car tout ce que nous consommons est suremballé. Partant de son expérience, elle a écrit un livre[2] et conseille aujourd'hui des milliers de personnes dans le monde sur ce sujet. Des villes, des entreprises, des associations et des familles ont fait leur cette approche. Des magasins de vente en vrac, des entreprises qui proposent des emballages réutilisables s'efforcent de répondre à cette nouvelle demande.

Pourtant, même si on adopte un mode de consommation responsable et la démarche *Zero Waste*, il nous arrivera de devoir nous séparer d'un vêtement. Pour le faire de manière intelligente, il y a plusieurs solutions.

D'abord, nous pouvons lui donner une seconde vie nous-mêmes en le réparant. Il existe des couturières, ou même des cours de couture, partout en France, y compris en ligne. Il est aussi possible de le transformer et de le customiser. On peut par exemple broder un vieux sweat-shirt, transformer une chemise en robe bustier ou des draps en tote bags. La journaliste Emmanuelle

1. Source Eco TLC.
2. Béa Johnson, *Zéro déchet*, Les Arènes, 2013.

Vibert a ainsi publié un livre, *Couture récup'*[1], qui propose plusieurs modèles de customisation sans patron et sans qu'il soit nécessaire de savoir coudre.

Ensuite, il est possible de donner les vêtements qu'on ne porte pas à des proches ou à des associations. Ces dernières sont nombreuses et locales, et font profiter de ces dons aux personnes démunies. D'autres, comme Oxfam[2], les revendent à petits prix dans leur réseau de boutiques pour financer leurs actions de solidarité internationale. La part la plus importante de la collecte est assurée par ce qu'on appelle des organismes collecteurs, tel Le Relais. Le site Internet La Fibre du Tri répertorie tous les points de collecte en France. Les vêtements, placés dans un conteneur estampillé par ces organisations, rejoignent un réseau professionnel[3]. Les vêtements, les chaussures et le linge de maison sont triés en fonction de leur qualité de la façon suivante :

– une partie est revendue dans un réseau de boutiques solidaires et de seconde main ;

– une autre partie est exportée vers des réseaux de distribution dans des pays plus pauvres, comme en Afrique ;

– les textiles de moindre qualité sont transformés en chiffons, en rembourrage ou en isolant pour le bâtiment. Enfin, nous pouvons aussi revendre nos vêtements.

Les grandes marques trouvent souvent preneurs dans les dépôts-ventes ou sur des sites Internet spécialisés. Il existe également des vide-dressings organisés par des entreprises et des associations à Paris et dans de très nombreuses villes de province : moyennant une inscription payante, on dispose d'un stand. Il est aussi possible d'organiser son propre vide-dressing entre amis, en privatisant ponctuellement un lieu (café, salle des fêtes, etc.) et en faisant de la publicité sur les réseaux sociaux. Les produits les plus communs peuvent être vendus à petit prix sur les sites de

1. Emmanuelle Vibert, *Couture récup'. Coudre pour résister au grand gaspillage*, Rue de l'échiquier, 2016.
2. Cette organisation internationale a été fondée en 1995 pour agir contre les injustices et la pauvreté.
3. Ces organismes sont en partie financés par une contribution des industriels du textile en fonction de la quantité de vêtements qu'ils ont mis en vente sur le marché français.

bonnes affaires (Le Bon Coin, Vinted) ou dans les brocantes (renseignements disponibles à la mairie de son domicile).

LE RECYCLAGE DANS LES GRANDES ENSEIGNES
Plusieurs campagnes ont été menées par de grandes enseignes pour collecter des vêtements « usagés » en boutique, avec parfois des bons d'achat en contre-partie. La plupart d'entre elles remettent les textiles collectés à un organisme comme Le Relais. D'autres donnent leurs propres invendus et invendables à des associations comme Tissons la solidarité, qui les transforment dans des ateliers d'insertion.

Choisir des vêtements qui nous vont… et les entretenir

Se sentir bien dans ses vêtements, c'est la condition pour en acheter moins et les garder plus longtemps.

Trouver son style

« La mode passe, le style reste », disait Yves Saint Laurent. Pour trouver son style, il existe beaucoup d'ouvrages et d'articles dédiés rédigés par des chroniqueuses de mode. Il y a des repères et des types de silhouettes, mais nous sommes tous uniques : il faut donc essayer et identifier les vêtements nous donnant le sentiment d'être « nous-mêmes en mieux ». Séduits par les grandes tendances d'une saison ou d'une époque, nous oublions parfois que tout ne va pas à tout le monde. Un des effets de la fast-fashion est pourtant de vendre les mêmes vêtements au plus grand nombre, en très grande quantité.

Pour trouver les vêtements dans lesquels on se sentira bien dans tous les moments de sa vie, il faut qu'ils soient adaptés à notre mode d'existence. De quoi se composent mes journées ? Quel est mon travail ? Quel est le climat ? Comment je me déplace ? Il faut répondre à ces questions avant de choisir. Béa Johnson donne aussi des idées pour composer une garde-robe « toute saison » et efficace : des pièces sobres, de qualité, multi-usages, qui peuvent être associées différemment selon les circonstances. La recherche d'une garde-robe minimaliste a également fait l'objet de nombreuses publications dans des magazines ou des blogs de mode.

Bien entretenir ses vêtements

Pour garder longtemps ses vêtements, il faut d'abord éviter d'en acheter qui soient réalisés avec des matériaux multiples (comme ceux avec des empiècements de cuir) rendant tout lavage délicat, voire impossible. Il faut bien les entretenir, en respectant les indications de l'étiquette d'entretien (lavage, séchage…). On trouvera sur des sites Internet, par exemple Comme un camion[1], des conseils pour mieux décrypter ces recommandations. Si l'on porte des vêtements au pressing, il faut en choisir un qui apporte des garanties environnementales, car nombre d'entre eux emploient des solvants néfastes pour la planète et notre santé.

Chiner

Acheter en seconde main reste une solution économique et écologique qui prolonge la vie d'un vêtement. Pour trouver votre bonheur, vous ne manquerez pas d'adresses : Emmaüs, Oxfam, les brocantes, les sites de vente en ligne sont des mines à trésors à petits prix. Mais attention : comme pour le neuf, il faut cibler sa recherche.

L'UPCYCLING TEXTILE

Une autre nouveauté consiste à *upcycler* les déchets textiles, terme qu'on pourrait traduire en français par « surcyclage » et qui revient à recycler un objet en lui donnant une valeur plus grande grâce au design ou à l'innovation technique. Certains industriels ont développé des procédés technologiques très élaborés. Ainsi, les Filatures du parc refont en France du fil à partir de fibres recyclées. La Gentle Factory, marque de prêt-à-porter masculin de l'enseigne Jules, utilise depuis trois ans ce type de fil

1. « Guide d'entretien des vêtements », www.commeuncamion.com, 6 mars 2017.

L'ÉTIQUETAGE D'ENTRETIEN

(mention facultative en France)

L'essentiel de l'impact écologique du vêtement intervient après l'achat : consommation d'eau, utilisation de lessive, séchage (consommation d'énergie) et fin de vie (jeté à la poubelle sans recyclage). Une des premières étapes pour garder vos vêtements comme neufs est de vous référer à l'étiquette d'entretien afin de savoir ce que vous pouvez faire – et surtout ce que vous ne devez pas faire – au moment du lavage et du repassage. Précautions d'hygiène : pour un vêtement en contact direct avec la peau, il est toujours préférable de le laver avant une première utilisation.

LES SYMBOLES POUR VOUS GUIDER DANS LE LAVAGE

1 2 3 4 5

Ce symbole indique que le lavage en machine est autorisé (**1**).

Une température maximum de lavage (de 30 °C à 95 °C) peut y être indiquée (**4**). Souligné d'un trait, ce symbole indique que vous devez choisir un cycle délicat avec essorage réduit (**5**). Barré (**2**), vous ne pouvez pas laver le vêtement et il faut privilégier un nettoyage à sec. Il peut également vous être conseillé de choisir le programme « lavage à la main » (**3**). Les chiffres dans le cuvier indiquent la température maximale.

6 7 8

Ce symbole indique que l'utilisation d'eau de javel est autorisée pour traiter votre linge en machine (**6**). Barré d'une croix, le chlorage est interdit (**7**). Produits de blanchissage oxygénés uniquement (**8**).

9 10

Ce symbole représente le nettoyage à sec (**9**). Les lettres A, F ou P (**10**) indiquent le type de solvant à utiliser (sigle destiné aux professionnels du nettoyage).

Source : Happy New Green.

pour produire le tissu de ses collections. Les Tissages de Charlieu ont eux aussi créé des collections de tissu d'ameublement issu de la filière du recyclage. Les cabas de la marque Bis Repetisac sont leur vitrine et ils étaient le fournisseur des sacs en toile des participants à la COP 21, qui s'est tenue à Paris en 2015.

De manière plus artisanale, les marques Labossa à Roubaix et Marli à Paris créent des sacs à partir de chutes de cuir de grandes marques de maroquinerie. La fondatrice de la marque Les Récupérables, Anaïs Dautais, crée des collections de prêt-à-porter avec des chutes d'ateliers et des draps. L'une des pionnières dans ce domaine est Sakina M'Sa, qui confectionne à Paris, dans un atelier d'insertion, des collections de prêt-à-porter réalisées avec des chutes d'ateliers de l'industrie du luxe. Mais la plus originale reste Marcia de Carvalho, des Chaussettes orphelines, qui collecte des chaussettes dépareillées et retricote des collections très branchées à partir de ce vêtement peu noble au départ.

Emmaüs alternatives est le dernier-né des réseaux de distribution de seconde main de l'organisation créée par l'abbé Pierre. Cette activité fait vivre des milliers de personnes grâce à leur travail de recyclage de vêtements et de mobilier au sein de la communauté. Emmaüs alternatives collabore avec des designers comme Eugénie Delarivière, qui réalise des objets de design d'intérieur à partir de déchets.

La question des matières[1] utilisées dans la confection des vêtements justifie à elle seule la rédaction d'un guide[2]. Parmi les matières végétales, le lin et le chanvre sont les plus écologiques à tout point de vue. Cultivés en France, ils ne nécessitent pas d'irrigation et leurs déchets sont réutilisés. Lorsqu'on achète des vêtements en coton, il est préférable de privilégier le biologique : sa production nécessite 50 % d'eau en moins et les engrais utilisés sont naturels.

1. Planet Addict, « Textile écologique : guide des matières », www.planetaddict.com
2. WWF, *Guide d'éco-conception des produits textiles-habillement*, 2011.

La viscose, réalisée à partir de cellulose de bois, et la soie naturelle, réalisée à partir de vers à soie, utilisent des procédés discutables du point de vue environnemental. Le Tencel, issu de la fibre d'eucalyptus, ou le Lenpur, tiré de la pulpe de branche de pin blanc, peuvent être des alternatives durables.

RECHERCHER ET INVENTER LES MATIÈRES DE DEMAIN

En 2016, l'exposition « Textifood », organisée à Lille et à Milan par Lille 3000 et le DTC Textile Museum, a mis en scène les entrepreneurs qui créent des textiles à base de matières comestibles et de leurs déchets. Ces textiles du futur ouvrent des perspectives écologiques passionnantes pour la filière du recyclage et la filière vegan. On y a ainsi découvert une robe réalisée par Arielle Lévy à base de déchets de marc de café ou de houblon, du cuir réalisé avec des feuilles d'ananas[1], de la soie conçue en Italie à partir d'écorces de citron et d'orange[2]. L'amélioration de la qualité des textiles produits grâce à des matières premières plus traditionnelles, comme l'ortie[3], est également prometteuse pour la jeune création. L'entreprise alsacienne Velcorex-Matières françaises s'est lancée dans le redéploiement de la filière de fabrication de tissus à base d'ortie. Déjà fournisseur pour de grandes maisons comme agnès b, elle prévoit de proposer, dès 2018, des pièces de prêt-à-porter réalisées intégralement à partir d'ortie.

Pour la laine, il faut éviter à tout prix les matières produites sans souci de la souffrance animale dans des élevages intensifs : l'angora, la laine mérinos, le cachemire. Pour le cachemire, la marque de luxe Maiyet a lancé un *fair cachemire* (« cachemire

1. L'Espagnole Carmen Hijosa a créé la marque Piñatex qui fabrique du cuir à partir de fibres d'ananas, provenant des feuilles non utilisées après la récolte des fruits.
2. Orange Fiber, start-up fondée par deux Italiennes, Adriana Santanocito et Enrica Arena, développe une fibre artificielle à partir de cellulose extraite de l'écorce d'orange et de citron. Les deux femmes ont convaincu le célèbre couturier Ferragamo, qui commercialise des produits réalisés à partir de ce nouveau tissu.
3. Nina Gautier a développé Urtica Lab.

équitable ») en travaillant avec des artisans de Mongolie[1]. On peut se tourner vers des laines comme le mohair, provenant de chèvres angora (et non de lapin), ou l'alpaga.

La fourrure (renard, vison, raton-laveur...) est à bannir dans tous les cas de figure. L'association PETA[2] mène d'ailleurs des campagnes chocs sur le sujet pour faire évoluer le milieu de la mode.

Pour le cuir, il est indispensable de s'assurer de son origine. L'explosion de la consommation de viande a entraîné le développement massif de l'élevage bovin. Pour alimenter ces élevages, des céréales sont cultivées sur des surfaces immenses, provoquant une forte déforestation, au sud de l'Amazonie par exemple. Ces cultures sont très consommatrices en eau et en pesticides, et les bovins sont enfermés dans des usines de la naissance à l'abattage[3]. Le cuir étant un sous-produit de la viande, on cautionne indirectement ce système de production en l'achetant.

CRUELTY FREE OU VEGAN : LE BIEN-ÊTRE ANIMAL

Souvent posée en lien avec l'alimentation, la question du bien-être animal irrigue tous les aspects de la consommation, comme les cosmétiques et la mode. Le label Cruelty Free, littéralement « sans cruauté », signifie qu'à aucun moment de la fabrication d'un produit un animal n'a souffert. Ainsi, la laine peut être « sans cruauté » si l'animal a été bien traité durant toute sa vie et que la tonte s'est faite de manière manuelle.

Quant à la mode vegan, elle exclut toute utilisation de matière animale. Elle s'est répandue ces dernières années en même temps que le végétarisme (régime sans viande ni poisson) et le véganisme alimentaire (régime sans viande ni aucun produit issu des animaux : lait, œuf, etc.). On ne porte plus ni cuir ni

1. Sandrine Ruhlmann et Linda Gardelle, « La revalorisation des produits du terroir de Mongolie. Des logiques économiques, écologiques et culturelles », *Autrepart*, n° 50, 2009.
2. People for the Ethical Treatment of Animals, association à but non lucratif, milite pour établir et défendre les droits des animaux.
3. Fabrice Nicolino, *Bidoche. L'industrie de la viande menace le monde*, Actes Sud, 2010.

laine, et évidemment pas de fourrure. Des matières alternatives existent, comme les matières synthétiques. Mais celles-ci ont des impacts sur l'environnement… car elles sont issues de la pétrochimie. Charlène Romao, consultante en mode vegan, effectue des recherches et accompagne les entreprises pour les aider à trouver de vraies solutions de substitution écologiques et vegan aux matières issues des animaux. Pour la marque Atelier Lekki, elle a par exemple participé à la création d'un cartable en liège, bois de noyer et lin biologique biodégradable.

Acheter les marques éthiques

Les marques éthiques s'engagent pour minimiser leurs impacts écologiques et ne pas exploiter ceux qui fabriquent les vêtements. Se tourner vers une marque éthique, c'est avoir la garantie d'obtenir une réponse à des questions simples comme : où est produit mon vêtement ? Quels sont ses composants ? Sont-ils sans pesticides ? Quelles sont les conditions de sa fabrication ?

Les marques et les boutiques de mode éthique prennent des formes très différentes et ne revendiquent pas toujours le label « éthique ». Certaines proposent une sélection rigoureuse de produits durables confectionnés de manière socialement et écologiquement responsable. Modetic, Centre Commercial de Veja, We Dress Fair, El Market, Dressing responsable, Antidote ou encore le concept store The Matter mettent en avant des articles tendance et sélectionnés pour leur respect de ces valeurs.

Du côté du luxe, des grands couturiers s'engagent aussi. La première à avoir proposé des collections vegan est Stella McCartney. Elle a réussi le pari de rendre désirables ses créations sans que ses clientes les choisissent uniquement pour leur caractère éthique. Elle s'amuse de savoir que beaucoup d'entre elles ayant acheté son sac Falabella, un article à succès, ignorent probablement qu'il n'est pas en cuir ni en PVC. Quant à agnès b., elle continue à faire produire en France une partie de ses collections. Gabriella Cortese, d'Antik Batik, a fait appel dès 1992 à des ateliers artisanaux partout dans le monde, comme la coopérative de femmes de Mumbai, qui a confectionné sa collection pour Monoprix.

D'autres, comme Edun, lui emboîtent le pas en travaillant avec des maîtres tisseurs marocains. Ces créateurs inventent progressivement une nouvelle tendance, celle de l'éco-design, tout en remettant les savoir-faire au cœur de leur processus créatif.

Les créateurs locaux sont souvent les plus avancés en matière d'exigence éthique, grâce au caractère artisanal de leur travail et à leur proximité avec les consommateurs.

C'est aussi le cas de la marque La Révolution textile, qui, sur son site Internet, propose une mine d'informations sur la fabrication locale de ses vêtements, conçus essentiellement en lin. Elle offre également des conseils pour l'entretien et explique tous ses choix, y compris managériaux. En plus de cette transparence scrupuleuse, la marque promeut des créateurs et des initiatives en faveur de la mode responsable.

Des marques plus importantes comme Balzac Paris propose des collections en édition limitée, ce qui contribue à réduire les invendus. Avec la démarche TPR (Toujours Plus Responsable), Balzac Paris affiche l'objectif de développer des produits de plus en plus « responsables » en réemployant ses tissus et vêtements en stocks pour refaire des collections, en favorisant la production française et européenne, en utilisant du cuir « biodégradable » ou encore en réduisant l'utilisation de fibres synthétiques. La marque publie un tableau de bord sur son site, où elle présente ses avancées en fonction d'indicateurs, pour informer ses clients dans les progrès restant à effectuer.

LE SLIP FRANÇAIS

Le Slip français, créé en 2011, fabrique et commercialise des sous-vêtements et du prêt-à-porter entièrement fabriqués en France. Depuis 2013, ils travaillent avec, par exemple, l'entreprise de confection Lemahieu, basée près de Lille, qui réalise toute la fabrication sur place (tricotage, assemblage, broderie, etc.). Ce choix contribue à développer les savoir-faire et les emplois de nombreux ateliers en France.

Veja, Manifeste011, Modestologie... La liste des nouveaux créateurs éthiques s'allonge chaque mois. Et c'est une bonne nouvelle. Ils sont référencés sur des sites Internet comme Happy New Green

Privilégier les matières écologiques

LES MATIÈRES TEXTILES

Les fibres naturelles

Les matières végétales

Coton
Lin
Chanvre
Jute
Ramie
Ortie

Les matières animales

Cuir
Soie
Laine mérinos, shetland
Cachemire, mohair
Angora
Alpaga

Les fibres chimiques

Les matières artificielles

Viscose (rayonne)
Acétate
Lyocell
Modal
Bambou
Soja
Maïs
Lait
Piñatex

Les matières synthétiques

Polyester
Polyamide (nylon)
Élasthanne (Spandex, Lycra)
Acrylique

Source : Happy New Green.

et SloWeAre. Ces derniers passent également au crible les produits de la grande distribution dits écolos ou éthiques. Ces marques sont mises en scène lors du Forum national de la mode circulaire, organisé par Nordcrea. On pourrait citer également le French Bureau ou Une autre mode est possible, qui ambitionnent d'aider des marques éthiques à émerger grâce à la communication et à l'accompagnement de leurs innovations.

VEJA

Ce fabricant de baskets et d'accessoires est l'exemple qui prouve que l'on peut être éthique et rencontrer un immense succès. François-Ghislain Morillion et Sébastien Kopp, respectivement diplômés d'HEC et de l'université Paris-Dauphine, ont créé la marque en 2004. Les baskets sont fabriquées au Brésil et sont issues du commerce équitable, c'est-à-dire que les fabricants sont payés au prix juste. En 2011, 120 000 paires de Veja ont été vendues dans le monde[1]. Engagés dans la Fashion Revolution, les créateurs de la marque soutiennent activement la lutte contre la déforestation. Chaque aspect de la fabrication est évalué du point de vue social et écologique pour être le plus vertueux possible.

1. Anne Bariet, « Veja, la basket équitable », *L'Express L'Entreprise*, 20 septembre 2012.

Conclusion

Choisir la mode éthique, un acte politique

Dans son organisation actuelle, l'industrie de la mode s'est arrêtée aux Trente Glorieuses et à l'économie linéaire. Produire toujours plus, vendre toujours plus. Or nous avons changé d'époque, et les signes de la finitude de notre monde s'impose chaque jour avec force. Rendre possible la mode éthique passe par plus de régulation des pouvoirs publics, de conscience des consommateurs et de responsabilité des entreprises. Des évolutions sont en cours, nous l'avons vu. Pour que les effets soient plus importants, c'est la structure même du modèle économique traditionnel de la mode et de l'habillement qui doit être remis en question.

Les nouveaux modèles économiques de la mode

Certains créateurs ont décidé de maîtriser, voire de porter eux-mêmes, l'ensemble de la chaîne, de la fabrication à la commercialisation, du tissu à la vente des vêtements, avec une vraie transparence vis-à-vis des clients. C'est le cas de la marque 1083. Son fondateur, Thomas Huriez, a d'abord ouvert une boutique de mode éthique à Romans-sur-Isère et créé sa propre marque : 1083 – qui correspond au nombre de kilomètres qui séparent les deux villes les plus éloignées de France. Aujourd'hui, 1083 a ouvert ses propres boutiques (Paris, Grenoble, Lyon, Nantes) et est distribué dans plus de 50 points de vente en France. Elle poursuit son développement en créant d'autres produits de prêt-à-porter (baskets) ou en innovant dans l'utilisation des matières recyclées. Tous les éléments qui composent ces jeans et baskets sont donc produits à moins de 1 083 kilomètres de leur lieu de commercialisation en France. Thomas Huriez est allé plus loin encore en créant deux réseaux : Modetic, qui promeut et commercialise des marques de prêt-à-porter répondant à une charte très précise (traçabilité, commerce équitable, etc.), et le réseau local de ses fournisseurs (toiles de jean, accessoires), qu'il a aidés à se développer.

Maison Standards, entreprise fondée par Uriel Karsenti, a supprimé les soldes, produit en petite série pour limiter les stocks et les invendus, et communique de manière transparente sur ses marges. Numéro sept propose des vêtements au design identique mais à des prix différents selon qu'ils sont réalisés en France ou dans un autre pays d'Europe.

La location ou le partage de vêtements est aussi une nouvelle façon de commercialiser la mode : des formules d'abonnements ont ainsi été imaginées par Les Cachotières, Le Closet, Panoply ou, pour les enfants, Tale me.

Des magasins physiques ou digitaux se sont spécialisés dans les produits éthiques ou *eco-friendly*. Ce sont à la fois des lieux de design et d'exposition, des cafés, des librairies et des boutiques de mode. Ils offrent une alternative bienvenue aux grands magasins traditionnels, car la découverte et la rencontre semblent primer sur l'acte d'achat.

En 2016 sont également arrivés en France les supermarchés coopératifs. Plusieurs centaines de personnes s'y réunissent pour gérer ensemble un magasin d'alimentation : ils négocient directement avec les producteurs, souvent bio et locaux, et paient le prix juste. Le magasin est autogéré : en plus de quelques salariés, chaque adhérent donne de son temps pour mettre en rayon, tenir la caisse, etc. Deux supermarchés coopératifs ont déjà ouvert leurs portes : La Louve à Paris et Superquinquin à Lille. Ce modèle pourrait très bien s'appliquer à des produits non alimentaires, avec d'autres services en plus (entretien, couture, location).

Dans le secteur textile, depuis quelques années, des magasins ou des boutiques-ateliers d'un nouveau genre émergent, comme La Textilerie et About A Worker, La Fabrique idéale à Paris, Sew&Laine à Bègles, Plateau fertile à Roubaix. Des coopératives ou des associations se développent partout en France sous la forme de « tiers-lieux » : ce sont des laboratoires d'idées où des créateurs travaillent, collaborent et organisent des événements en impliquant leurs clients. Les tiers-lieux « textiles » proposent d'innover dans le recyclage, de tester et de réaliser soi-même de nouveaux produits dans leur fab lab[1].

LE *DO IT YOURSELF*

Créé en 2012, le blog Make My Lemonade de Lisa Gachet a rencontré un succès important. Il vend des vêtements sous sa propre marque et surtout des tutoriels et des patrons pour réaliser les vêtements en question. Autour de ces services s'est créée une véritable communauté d'abonnés et de lecteurs. Cet exemple montre que la vente de vêtements finis n'est pas la seule voie pour les créateurs de mode. La co-création et la vente de tissus, de conseils, d'ateliers ou de cours de couture ont le vent en poupe.

Le développement de ces nouvelles relations avec les clients, de la transparence sur les modes de production et de nouvelles enseignes « éthiques » est facilité par la communication numérique. Avec Instagram, Pinterest et les réseaux sociaux, les canaux traditionnels de la diffusion des produits de mode et d'habillement sont bousculés. Le *street style*, littéralement le « style de la rue », peut désormais, en quelques clics, avoir plus d'audience qu'une page centrale dans *Vogue*. Dès lors, les personnes qui influencent nos choix vestimentaires peuvent émerger à peu près n'importe où. Une série de photos avec un smartphone, une belle histoire, des bons relais rendent possible la diffusion rapide de certaines valeurs. L'usage d'un tutoriel vidéo pour guider les consommateurs et leur donner des conseils pour mieux s'habiller, de façon éthique, peut aussi y contribuer.

1. Laboratoire de fabrication ouvert au public, un fab lab est un lieu de rencontre et d'échange de savoir-faire qui dispose de machines et d'outils pour réparer ou réaliser soi-même des produits.

LA MODE CIRCULAIRE

L'économie linéaire consiste à produire, vendre, consommer et jeter. L'économie circulaire consiste à :

– produire avec le moins de ressources naturelles et de pollution possible, en évitant à tout prix l'obsolescence ;

– consommer de manière responsable et trouver des solutions pour répondre à nos besoins différemment ;

– recycler : les activités de réemploi et de réutilisation des déchets créeraient vingt-cinq fois plus d'emplois que leur mise en décharge[1].

Appliquée à la mode, l'économie circulaire consiste à utiliser des matériaux écologiques et recyclés, à limiter les chutes de fabrication, à réduire la distance entre le lieu de fabrication et celui de l'achat, à proposer des vêtements au prix juste, à consommer des vêtements plus qualitatifs et plus durables, à allonger leur durée de vie et à les recycler.

La mode circulaire peut apparaître comme une contrainte. C'est pourtant une formidable opportunité pour sortir de la course aux prix bas et de l'impasse de la saturation des marchés par la créativité et de nouveaux rapports avec les consommateurs. Selon la Fondation Ellen-MacArthur[2], 422 milliards de dollars pourraient être générés par un meilleur recyclage des vêtements. Les perspectives sont réjouissantes et inspirantes.

La mode éthique, acte de culture

Pour être éthique, la mode doit être réhabilitée comme acte de culture, et donc comme avant-garde d'une époque.

La mode est un sujet sérieux. Ainsi que l'a déclaré la journaliste new-yorkaise Hailey Gates à propos de sa série documentaire *States of Undress*[3], « le fait de dire que la mode est frivole vient d'un langage instauré par les hommes. Je voulais casser ces stéréotypes, montrer que c'est une industrie massive qui emploie

1. Ministère de la Transition écologique et solidaire, *L'Économie circulaire*, 16 décembre 2016.
2. Fondation Ellen MacArthur, *A New Textiles Economy*, *op. cit.*
3. Hailey Gates, *States of Undress. Sous toutes les coutures*, Viceland.

des millions de personnes et dont les enjeux politiques sont énormes. […] Quand on parle de mode, on parle du corps des femmes. Et quoi de plus politique que le corps des femmes[1] ? ».

Choisir des créateurs de mode éthique, des filières locales de fabrication qui préservent et développent les savoir-faire, des vêtements recyclés, réparer ses vêtements au lieu de les jeter, c'est une forme de résistance à l'uniformisation de nos modes de consommation. C'est soutenir une mode qui nous fait du bien, vraiment « avant-gardiste » et pourvoyeuse de solutions aux problèmes planétaires.

1. « Reporter sans frontières », *Grazia*, 22 décembre 2017.

Portraits

Nayla Ajaltouni

Collectif Éthique sur l'étiquette

Porte-parole du collectif Éthique sur l'étiquette, Nayla Ajaltouni milite depuis vingt ans pour la transparence des conditions de production et de travail dans la filière textile.

« La mode éthique, c'est une mode qui se sent doublement responsable : des femmes et des hommes qui la fabriquent, et de l'environnement. Cette responsabilité peut bien sûr aller à l'encontre de l'objectif des multinationales, qui est de réduire au maximum les coûts de production.

Pour le consommateur, il s'agit d'adopter un comportement conscient, réfléchi, et non avide et compulsif.

Les travailleurs doivent pouvoir vivre dignement de leur travail. Or c'est parce qu'ils ne sont pas payés à un prix juste que certaines entreprises réalisent d'énormes profits et que les consommateurs ont l'impression de faire de bonnes affaires. On ne peut pas ignorer le sort de ceux qui fabriquent ces habits.

Ce qu'il faut, c'est remplacer la quantité par la qualité. Les travailleurs y gagneront en qualité de conditions de travail, les consommateurs en qualité de vêtements. Cela passe par un changement de regard des entreprises sur le travail : il est vu comme une charge alors que le travail de confection et le savoir-faire des ouvriers devraient être considérés comme une contribution à la croissance de l'entreprise.

Ce nouveau modèle nécessite que les entreprises textiles restent à taille humaine. Aujourd'hui, des groupes gigantesques possèdent de nombreuses enseignes, et sont ainsi présents dans le monde entier. Ils en nourrissent un sentiment de toute-puissance, qui empêche leur autorégulation – d'autant plus que leurs actionnaires plaident en permanence pour davantage de profits. Ce sont donc les consommateurs qui ont le pouvoir d'influencer les entreprises en les interpellant. »

Coline

Fondatrice de la marque de prêt-à-porter Numéro sept

Depuis 2007, Coline s'est imposée comme une vraie « influenceuse » de la mode et de la beauté en France avec des articles, des vidéos et des collaborations avec de grandes marques. Avec sa chaîne YouTube « Go Green », des choix de plus en plus précis et la création de sa marque vegan et locale Numéro sept, elle a franchi un nouveau pas vers la mode responsable.

« La mode responsable, c'est d'abord une mode consommée avec modération. Changer de garde-robe toutes les saisons n'est pas un modèle responsable : nous devons apprendre à aimer ce qu'on possède déjà, sans pour autant se priver de quelques nouveautés. Je ne suis pas forcément pour le minimalisme ou le 100 % éthique car cela reste difficilement abordable pour beaucoup, mais il faut apprendre doucement à préférer la qualité à la quantité. Ensuite, évidemment, une mode responsable se doit d'être la plus respectueuse possible de l'environnement tout comme de l'humain. Le plus gros de l'effort doit, à mon sens, venir de l'industrie. Fabriquer en Chine, d'accord, mais à condition de respecter les droits humains fondamentaux et de ne pas déverser des tonnes de litres de produits chimiques dans les rivières ! Cela passe par une prise de conscience générale. La société éduque les gens à consommer, souvent le moins cher possible, sans se demander d'où ça vient, comment ça a été fabriqué et par qui.

J'essaie, de plus en plus, de responsabiliser ma consommation et de partager ce sujet autour de moi. Je mets en avant les petits créateurs, les marques engagées, le made in France, la consommation vegan aussi, qui est évidemment un point très important pour moi. C'est parfois difficile de composer entre mon métier et mes idéaux, mais je fais au mieux pour envoyer des messages positifs. »

Annick Jehanne

HubMODE, plateforme de formation aux métiers de la mode et à l'innovation pour une mode responsable

Après avoir été directrice de l'offre dans plusieurs grands groupes de mode, Annick Jehanne a fondé l'association Nordcréa qui rassemble les entreprises de la mode et du textile des Hauts-de-France pour promouvoir l'innovation sociale et écologique.

« Selon toi, qu'est-ce que la mode "responsable" ?

C'est réduire les impacts sur l'environnement et utiliser moins de ressources pour le même résultat. C'est aussi être respectueux des êtres humains qui la fabriquent et la vendent ainsi que des consommateurs. On peut citer de vrais succès en la matière, comme Veja ou 1083 en France, ou Patagonia aux États-Unis. C'est une démarche globale : tout est pensé dans cet esprit-là, de la conception des produits à leur commercialisation.

Que fais-tu pour contribuer à rendre la mode plus responsable ?

Je fais en sorte que les entreprises du secteur prennent conscience qu'elles ont tout à y gagner, y compris économiquement. Avec HubMODE, nous créons des formations pour les aider à être plus responsables et plus innovantes. Car pour renforcer la responsabilité, il faut souvent innover. Nous revenons aux fondamentaux : les savoir-faire, la composition des produits, etc. Ce sont des choses que l'on a oubliées en France. Il faut aussi réapprendre les étapes élémentaires de la conception, de la fabrication, la composition des tissus, le vrai coût des choses. Si on n'apprend pas ça, on est comme un cuisinier qui n'aurait aucune notion du prix de la lotte. C'est d'ailleurs ce qui s'est passé dans le domaine de l'alimentation : il y a dix ans, on s'intéressait peu aux conditions de fabrication ; aujourd'hui, le bio connaît un grand essor, on ne veut plus d'antibiotiques ni de pesticides, on veut que les agriculteurs soient respectés et on est prêt à payer plus pour cela. Donc le changement est possible, mais il faut du temps, de la pédagogie et de la volonté. Tout ce que je fais consiste à provoquer le mouvement et à l'accélérer. Et je vois des évolutions.

Comment faire davantage avancer la mode responsable ?

Les questionnements des consommateurs commencent à être entendus : pourquoi de telles différences de prix entre un jean et un tee-shirt ? Comment le vêtement est-il fabriqué ? Si une marque ne donne pas de réponse, cela doit nous obliger à nous interroger. Tout le monde est concerné, les grands distributeurs comme les détaillants indépendants. Au début, ces questionnements dérangent. Mais ils sont utiles, car ils font avancer les choses. Un jour, vous voyez arriver des clients en magasin qui demandent : "Où sont les chaussures vegan ?"

Je crois aussi beaucoup à la responsabilité sociétale des entreprises. Les questions qu'elles se posent pour améliorer leur impact les conduisent souvent à faire des économies – par exemple, l'installation d'ampoules LED dans un magasin constitue à la fois une innovation du point de vue de "l'expérience client", avec un autre éclairage des produits, et un moyen d'économiser l'énergie. La responsabilité sociétale des entreprises, c'est du bon management. C'est être plus créatif, humainement intelligent, c'est voir les choses sous un autre angle. Il faudrait que les entreprises osent davantage communiquer sur leurs actions. Parfois, elles craignent que les consommateurs jugent qu'elles n'en font pas assez. Or ils sont capables de comprendre que c'est une démarche d'amélioration continue. Il faut oser la transparence, décrire les progrès accomplis, promouvoir cet esprit positif. Pour les entreprises, je suis convaincue que c'est une condition de survie. Celles qui n'auront pas changé ne seront plus là dans dix ans. Il faut aussi savoir que, dans la vie d'un vêtement, 50 % de la RSE dépend du consommateur et de la manière dont il prend soin des vêtements – comment il les lave, par exemple.

Quels conseils donnerais-tu aux consommateurs ?

Il faut regarder la composition et la matière des vêtements : c'est la base. Il faut donc choisir les enseignes qui délivrent ces informations et qui sont prêtes à s'expliquer. Ce ne sont pas forcément celles qui mènent de "petites" actions pour l'environnement. On ne peut pas être "un petit peu" honnête, comme on ne peut pas être "un petit peu" amoureux ! Il faut s'intéresser à la façon dont elles font évoluer l'ensemble de leur chaîne de valeur : sont-elles prêtes à redonner de la valeur aux savoir-faire et aux matières ? La production en France augmente le coût, mais certaines marques en tirent profit, comme Le Coq sportif. »

Arielle Lévy

Une autre mode est possible

« En 2010, je me suis lancée avec Thibaud Decroo dans l'aventure de l'Herbe rouge. Nous avons créé une "collection capsule" écologique et éthique réalisée à partir de tissus faits au Mali par des tisserands traditionnels, en m'appuyant sur le savoir-faire d'une belle entreprise française de pantalons. Il s'agissait de maîtriser toute la chaîne de valeur, de la création à la commercialisation. Cela nous différenciait également des premières marques éthiques qui s'étaient lancées, comme Tudo Bom ou Idéo. C'était une vraie aventure collective.

Nous voulions aussi être une entreprise sociale qui contribue au développement du coton bio en Afrique, avec des collaborations à Madagascar. Pour créer notre filière de fabrication, nous sommes partis de la matière. Nous avons réalisé des prototypes tissés et imprimés en France. Et on a choisi la maille, le "chaîne et trame" en coton bio, car c'est l'ADN du savoir-faire français. Nous avons ensuite développé de nouveaux produits comme le tricot en lin, puis le Tencel. Ce qui nous guidait, c'étaient l'esthétisme et le confort du vêtement au quotidien, sa durabilité. Mais j'insiste sur ce qui nous différenciait vraiment : cette chaîne de valeur bâtie de manière collaborative.

Nous avons mis en œuvre l'écofrugalité dans toutes nos réalisations, notamment dans les deux boutiques que nous avons ouvertes à Roubaix, puis dans le Vieux-Lille et au Viaduc des arts à Paris. Depuis quelques mois, l'Herbe rouge a cessé son activité et je me suis lancée dans l'aventure Une autre mode est possible.

Quels sont tes projets avec Une autre mode est possible ?

Transmettre ! Et accompagner les créateurs de mode éthique pour qu'ils puissent mettre en œuvre cette écorentabilité que nous avons expérimentée avec l'Herbe rouge.

Je veux aussi faire avancer les politiques publiques. Il faut simplifier l'accès aux financements pour la jeune création "éthique", et pourquoi pas lancer une foncière pour qu'elle accède plus facilement à des points de vente. Il faudrait que le choix de matières écologiques et d'une production locale soit considéré comme de la recherche et développement[1]. Et que cette valeur ajoutée de la préservation de la planète et du respect humain soit reconnue par les banques et les partenaires publics, avec à la clé une fiscalité verte. Un exemple : si vous ne produisez pas vous-même mais que vous avez collaboré activement à monter un atelier solidaire qui confectionne vos créations, vous êtes considéré comme un distributeur. Les métiers ont évolué, les enjeux de la filière aussi. On ne peut pas continuer à utiliser une nomenclature de métiers et une fiscalité du siècle dernier. À cette condition, et grâce au partage d'expériences, cette jeune création éthique a un brillant avenir devant elle, elle peut rendre une autre mode possible. »

1. Les investissements en recherche et développement ouvrant le droit à des aides publiques sous forme de crédits d'impôt.

Éloïse Moigno

SloWeAre, plateforme de la mode écoresponsable

La plateforme en ligne SloWeAre est le fruit d'une longue réflexion. Sa fondatrice, Éloïse Moigno, a grandi à la campagne dans une ferme où ses parents, qui élèvent des vaches laitières, se sont convertis à l'agriculture biologique. C'est là que naît son désir de défendre les acteurs proches du terroir, du constat que cette conversion a changé pour le mieux leur mode de vie et leurs conditions de travail. Son premier emploi de vendeuse dans le prêt-à-porter, qui ne lui apporte guère satisfaction, achève de la convaincre. Elle entame des études de marketing pour comprendre comment les gens sont influencés et comment les amener à faire des choix plus responsables. Son mémoire de fin d'études porte sur la consommation responsable : c'est le déclic. Constatant qu'il n'existe aucun magazine sur la mode responsable, elle se lance dans l'aventure en créant d'abord l'Eco-fashion Tour, à Paris, qui propose des tours des boutiques de mode éthique de la capitale, puis SloWeAre pour sensibiliser, inspirer et répertorier les boutiques éthiques.

« C'est le fait de se poser des questions qui mène à l'écoresponsabilité. C'est une recherche de l'excellence. La mode responsable doit cumuler les engagements : fabriquée en France, produite avec des matières biologiques ou respectueuses de l'environnement, dans de bonnes conditions de travail. Les consommateurs attendent plus de transparence des enseignes de mode et ne savent pas toujours où se fournir. Certains créateurs, qui fabriquent en France ou de manière responsable, ne mettent pas forcément cet aspect en avant, car ils ne veulent pas être cantonnés à une image de marque “éthique”. De fait, ce n’est pas simple : la mode est par définition associée au plaisir, et responsabilité et plaisir ne vont pas ensemble. C’est pour cela que j’utilise le terme *slow*, par exemple : ça rend les choses plus cool. Pourtant, la notion d’éthique est juste. Elle amène à se poser les bonnes questions. Quelles sont les valeurs que portent les vêtements que je choisis ? Pour qu’ils soient éthiques, il faut moins d’impacts écologiques et sociaux négatifs. L’écoresponsabilité est une notion plus opérationnelle, c’est une façon d’agir pour améliorer tout ce que l’on fait, y compris dans les entreprises. »

Isabelle Quéhé

Universal Love

Isabelle Quéhé a lancé un free market *dans une ancienne usine à Paris après avoir constaté qu'il était dificile pour les créateurs d'être bien distribués. Elle fait ainsi émerger des marques françaises. Sa rencontre avec des stylistes africains l'a amenée à prendre conscience des impacts de la mode européenne sur les pays en développement.*

« La mode éthique, c'est le respect de l'homme et de l'environnement. Les conditions de travail sont très importantes : ni cadences infernales ni substances toxiques. On voit d'ailleurs émerger chez les consommateurs l'idée qu'on ne peut pas se sentir beau avec des vêtements produits dans la souffrance.

La mode éthique, c'est aussi la préservation des savoir-faire et des cultures. Ce n'est pas sans raison si, en France, la mode est rattachée au ministère de la Culture !

Ma rencontre avec la styliste sénégalaise Oumou Sy, qui conçoit des collections de vêtements en tissu local au prix de la fripe venue d'Europe, m'a donné l'idée de créer, en 2004, l'Ethical Fashion Show, à Paris, afin de donner de la visibilité à la mode éthique, à tous les créateurs engagés dans le respect de l'homme et de l'environnement, en mettant en avant leurs savoir-faire. Des créateurs du monde entier ont ainsi eu accès aux réseaux de distribution européens. En 2008, l'Ethical Fashion

Show est devenu berlinois. Il se tient toujours chaque année en Allemagne.

J'ai ensuite créé Universal Love, une association de promotion événementielle des designers engagés dans une démarche de bonnes pratiques. À partir de 2014, j'ai rejoint la dynamique de la Fashion Revolution en coordonnant les événements français. En 2015, j'ai organisé une exposition, "Changer la mode pour le climat", lors de la COP 21 à Paris. Nous avons fait un défilé avec des marques de mode engagées et deux expositions, "Les Revers de mon look" et "Parures". Cet événement s'est conclu par la signature d'une convention entre les fédérations professionnelles et l'État. Au même moment, le film *The True Cost*[1] interpellait le monde de la mode avec cette question : "Nous achetons, qui paie ?", en montrant comment on produit plus vite pour faire moins bien et moins cher. J'ai poursuivi ce travail lors de la COP 22, pour que les entreprises et les fédérations s'engagent à réduire leur impact sur le dérèglement climatique. Il y a aussi de nombreuses initiatives, comme le festival We Love Green, auquel nous participons pour sensibiliser à la mode éthique de manière festive. »

1. Andrew Morgan, *The True Cost*, 2015.

Manon Quinti

Happy New Green, blog d'information et répertoire des enseignes de mode éthique

Manon Quinti a étudié les sciences politiques puis le journalisme. Elle réalise pendant ses études un web-documentaire sur des créateurs de mode. La lecture de **Vers une consommation heureuse** *d'Élisabeth Laville lui donne l'idée de créer Happy New Green, un blog sur la mode écoresponsable.*

« Depuis quelques années, j'avais le sentiment de consommer trop de vêtements et de ne pas porter ce que j'achetais. J'ai commencé par acheter moins de choses, mais à des prix plus élevés, sans savoir si c'était vraiment durable. En 2013, l'effondrement du Rana Plaza m'a fait prendre conscience de la gravité de la situation. Pour comprendre, j'ai fait des recherches, rencontré des créateurs, regardé des documentaires. Je voulais tout connaître. J'ai découvert beaucoup d'initiatives, que j'ai trouvées géniales. Cela m'a semblé naturel de partager tout ce que j'avais appris, alors j'ai créé ce blog. Je prends beaucoup de temps pour écrire les articles que je mets en ligne. J'essaie de tout documenter, de vérifier toutes les informations que je donne. Je m'assure que les marques de mode éthique que j'y répertorie contribuent vraiment à la mode durable.

Je ne suis pas payée par les enseignes, ce qui garantit mon indépendance.

Les consommateurs ont un grand rôle à jouer. Sans culpabiliser, il faut expliquer les alternatives pour montrer qu'il est possible de s'habiller éthique. Il faut passer à la vitesse supérieure pour que des vêtements produits de façon responsable soient disponibles partout, et pas simplement dans des boutiques en ligne. »

Sophie Zembra

Antidote

Après une formation en artisanat et en décoration d'intérieur, Sophie Zembra travaille d'abord dans le sourcing *(identification des fournisseurs et approvisionnement) des matières textiles. En 2015, elle fonde Shopethik, un site de vente en ligne de mode éthique. En 2016, elle organise la Smart Fashion Week à Paris. Elle vient de lancer Antidote depuis les États-Unis.*

« La mode éthique n'est pas forcément une question de label. Il faut plutôt choisir des marques qui ont le respect du travail et de la matière, et acheter des produits fabriqués à partir de matières recyclées ou vegan et/ou issus du commerce équitable. En 2016, j'ai créé Shopethik et organisé la Smart Fashion Week pour mettre en avant des initiatives fantastiques, comme les Chaussettes orphelines de Marcia de Carvalho, ou des fabricants de nouvelles matières. Notre approche était résolument positive : on ne donne pas de leçons, on montre des solutions.

Antidote, que je viens de créer, est une boutique multimarque qui référence seize marques engagées en faveur de l'insertion des réfugiés, du commerce équitable, etc. J'ai cherché à faire quelque chose de "très mode", pour rendre les produits attractifs. Une esthétique très recherchée est à la fois un moyen de rendre désirable la mode responsable et de redonner de la valeur aux vêtements.

Les conditions sociales des travailleurs sont très importantes pour moi. Toutes les marques que nous référençons élaborent leurs vêtements en respectant les fabricants, en les payant au juste prix. »

Répertoire

S'INFORMER

Ademe • L'Agence de l'environnement et de la maîtrise de l'énergie participe à la mise en œuvre des politiques publiques dans les domaines de l'environnement, de l'énergie et du développement durable.
ademe.fr

Bonne gueule • Site de mode masculine qui aide les hommes à bien s'habiller et propose une mode plus saine, plus juste et plus transparente.
bonnegueule.fr

Et pourquoi pas Coline • Blog de conseils sur la mode et la beauté responsables.
etpourquoipascoline.fr

Éthique sur l'étiquette • Collectif pour un meilleur respect des droits économiques et sociaux fondamentaux au travail dans les pays du Sud et la reconnaissance du droit à l'information des consommateurs sur la qualité sociale de leurs achats.
ethique-sur-etiquette.org

Fair Wear Foundation • Association d'information sur les conditions de fabrication des vêtements.
fairwear.org

Fashion Revolution • Collectif réunissant les acteurs et les consommateurs de mode afin de travailler ensemble à établir une mode conçue de façon plus respectueuse et écologique.
fashionrevolution.org

Fondation Ellen MacArthur • Fondation qui œuvre pour la mise en place de l'économie circulaire, en particulier dans le milieu de la mode.
ellenmacarthurfoundation.org

Greenpeace • Greenpeace est un réseau international d'organisations indépendantes qui agissent selon les principes de non-violence pour protéger l'environnement, la biodiversité et promouvoir la paix. Cette ONG s'appuie sur un mouvement de citoyennes et de citoyens engagés pour construire un monde durable et équitable.
greenpeace.fr

Happy New Green • Blog d'information pour « faire le tri entre les marques éthiques et les autres ».
happynewgreen.com

IFM • L'Institut français de la mode est un établissement d'enseignement supérieur reconnu par l'État, mais aussi un centre de formation continue et d'expertise pour les industries du textile, de la mode, du luxe et du design.
ifm-paris.com

Mes courses pour la planète • Premier guide pratique en ligne de la consommation responsable, destiné à tous ceux qui désirent être informés de l'impact sur la planète et sur leur santé des produits qu'ils achètent. Initié par Graines de changement.
mescoursespourlaplanete.com

Redress • ONG œuvrant pour la réduction des déchets textiles dans le domaine de la mode.
redress.com

SloWeAre • Plateforme d'information et de marques de mode écoresponsable.
sloweare.com

Une autre mode est possible • Label de créateurs indépendants de mode écoconçue.
uneautremode.fr

Zero Waste France • Zero Waste France est une association de protection de l'environnement qui milite pour la réduction et une gestion plus durable des déchets.
zerowastefrance.org

TRIER ET RECYCLER

Emmaüs • Mouvement luttant contre la pauvreté et l'exclusion. La collecte et le tri des textiles constituent l'un de ses moyens d'action en faveur de l'insertion.
emmaus-france.org

La Fibre du tri • Plateforme d'information et de recensement des lieux d'apports volontaires pour la collecte des déchets textiles.
lafibredutri.fr

Le Relais • Entreprise d'insertion et organisme collecteur des textiles usagés.
lerelais.org

Oxfam • Association internationale qui collecte et revend des vêtements au profit d'actions de solidarité dans le monde.
oxfamfrance.org

LES BOUTIQUES ÉTHIQUES SUR INTERNET

Antidote • Concept store de mode éthique.
antidotestore.us

Centre Commercial • Concept store de marques transparentes dans leur production, fondé par Veja.
centrecommercial.cc

Dressing responsable • Boutique en ligne regroupant des articles de mode écoresponsable (textile et accessoires).
dressingresponsable.com

El Market • Boutique en ligne éthique, équitable et écoresponsable.
elmarket.fr

Modetic • Boutique spécialisée dans la vente de produits équitables, éthiques et locaux, notamment des vêtements en coton biologique issus du commerce équitable.
modetic.com

The Matter • Concept store « durable » regroupant des marques éthiques et écologiques.
forthematter.com

We Dress Fair • Boutique et magazine en ligne sur la mode responsable.
wedressfair.fr

LES MARQUES ÉTHIQUES

1083 • Marque proposant des articles bio et écoconçus en France.
1083.fr

Antagony • Marque de vêtements produits en France et en petite quantité.
antagony-paris.com

Armorlux • Prêt-à-porter masculin et féminin fabriqué en France.
armorlux.com

Atelier Le Gagneur • Maroquinerie utilisant des matériaux végétaux et naturels. Fabrication française.
atelierlegagneur.fr

Bleu de chauffe • Sacs et accessoires fabriqués en France, utilisation de cuirs tannés de manière végétale (mimosa, châtaignier…), fabrication artisanale.
bleu-de-chauffe.com

Bruno Pieters • Créateur de mode responsable.
honestby.com

La Révolution textile • Marque de prêt-à-porter en matières écologiques et locales.
larevolutiontextile.com

Le Slip français • Marque de sous-vêtements entièrement fabriqués en France.
leslipfrançais.fr

Loom • Marque de prêt-à-porter masculin *slow-fashion* et site d'information sur la fabrication textile.
loom.fr

Maison Standards • Marque de prêt-à-porter mettant en avant une conception transparente et éthique.
maisonstandards.com

Manifeste011 • Première boutique de mode vegan responsable.
manifeste011.com

Noémie Devime • Créatrice de vêtements éthiques et écologiques.
noemiedevime.com

Numéro sept • Marque de prêt-à-porter vegan fabriquée en Europe.
numerosept-paris.com

Sacs Mary • Maroquinier artisanal fabriquant ses produits en France.
sacsmary.com

Stella McCartney • Créatrice de mode responsable.
stellamccartney.com

Veja • Marque respectueuse de l'environnement proposant des baskets écologiques, issues du commerce équitable, et des baskets vegan notamment.
veja-store.com

Wylde • Marque de vêtements écoconçus en France.
wylde-paris.com

LES PRODUITS EN TEXTILES RECYCLÉS

About a worker • Créateurs de mode et atelier solidaire à Paris.
aboutaworker.com

Chaussettes orphelines Marcia de Carvalho • Association qui promeut le recyclage textile et l'apprentissage des techniques de l'artisanat dans la mode.
marciadecarvalho.fr

Gaëlle Constantini • Créatrice de mode qui fabrique ses vêtements en France à partir de textile usagé.
ateliergaelleconstantini.com

La Gentle Factory • Marque de prêt-à-porter masculin utilisant des matières naturelles et recyclées.
lagentlefactory.com

La vie est Belt • Créateur de ceintures en pneu de vélo recyclé fabriquées en France.
lavieestbelt.fr

Labossa • Accessoires en cuir fabriqués en France à partir de chutes de cuir.
labossa.fr

Les Tissages de Charlieu • Utilisation de textile fabriqué en France, bioéquitable ou recyclé.
ltc-jacquard.com

Les Récupérables • Marque de prêt-à-porter féminin qui fabrique en France ses vêtements à partir de textile usagé.
lesrecuperables.com

ReNaissance Création • Accessoires et vêtements en textiles recyclés sérigraphiés.
renaissancecreation.fr

Sac Marli • Sacs à main fabriqués en France à partir de chutes de tissus d'ameublement et de cuir.
marli.fr

Sakina M'sa • Créatrice de mode responsable dont les vêtements sont fabriqués en France à partir de textile usagé.
sakinamsa.com

Supermarché • Marque de mode de vêtements de seconde main customisés.
supermarcheparis.com

LOUER SES VÊTEMENTS

Les Cachotières • Site de location collaborative de vêtements en ligne.
lescachotieres.com

Le Closet • Système de location de vêtements.
lecloset.fr

Panoply • Site de location de vêtements et d'accessoires de luxe.
panoplycity.com

Tale me • Site de location de vêtements pour femmes enceintes et jeunes enfants.
taleme-shop.com

CRÉER ET RÉPARER SOI-MÊME SES VÊTEMENTS

La Fabrique idéale • Formation à l'autonomie vestimentaire et à la création textile.
lafabriqueideale.eu

La Textilerie • Atelier couture, recyclerie.
latextilerie.fr

Make My Lemonade • Ateliers de confection en ligne.
makemylemonade.com

Sew&Laine • Lieu collaboratif de formations et de créations textiles à Bègles.
sewetlaine.com

Remerciements

À Thomas Bout, Léa Thévenot et Marie Hermann des éditions Rue de l'échiquier, qui ont cru à ce projet dès le début, et qui l'ont accompagné avec enthousiasme.

Aux acteurs d'une mode responsable, éthique, durable,

qui se mobilisent partout dans le monde pour changer de système.

À tous les militants de la biodiversité, de la transition énergétique et écologique, du zéro déchet, de la troisième révolution industrielle et de l'économie circulaire.

À Éric et Barnabé.

Achevé d'imprimer en Italie par Grafica Veneta
en avril 2019
Dépôt légal mai 2019
EAN 9782290173626
OTP L21ELLN000920N001
—
Ce texte est composé en Lemonde journal et en Akkurat
—
Conception des principes de mise en page :
mecano, Laurent Batard
—
Composition : PCA
—
ÉDITIONS J'AI LU
87, quai Panhard-et-Levassor, 75013 Paris
Diffusion France et étranger : Flammarion

Librio

1255